非暴力溝通的
對話練習

放下指責或成見，善用 5 種情境對話，有效找出彼此的需要

茱迪絲．韓森．拉薩特 Judith Hanson Lasater
艾克．K．拉薩特 Ike K. Lasater
著

王念慈　譯

第三章

四種非暴力溝通

第四章

傾聽自己和他人

第五章

我們說的話很重要

第六章

如何與伴侶好好說話？

第七章 如何與子女及父母對話？

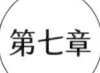

第八章

如何在職場中使用非暴力溝通？

第九章 將非暴力溝通推向世界

各界好評推薦

「對找尋優化對話品質和深化人際關係方法的人來說，這本書正好能滿足這方面的需求。茱迪絲和艾克會以一套激勵人心又實用的方法，引導我們共創一個更美好的世界。」

——**奧朗・傑・舒佛**（Oren Jay Sofer），**《正念溝通》**（*Say What You Mean*）**作者**

「《非暴力溝通的對話練習》給了我們一份平易近人又細緻珍貴的禮物，在它的指導之下，我們會知道該如何說出自己的真心話，以及傾聽內心的聲音。」

——**艾米・芮恩**（Aimee Ryan），**非暴力溝通中心認證培訓師**

「本書告訴我們，說話為什麼是一種靈修。發自內心的言語有很強大的力量，它能為我們所生活的世界，還有整個人類大家庭構築出一座祥和又充滿關愛的人際網絡。茱迪絲和艾克的作品為我帶來許多鼓舞和啟發，他們用清晰、明瞭又實際的方式，從瑜伽哲學和佛教的角度，闡述了富含智慧的非暴力溝通原則。我強力推薦大家閱讀這本好書。」

——**約翰．凱淵（John Kinyon），非暴力溝通中心認證培訓師和調解員**

「作為一個長年學習非暴力溝通的學生，我很感謝茱迪絲和艾克寫了這本書，它的內容既清晰又充滿智慧。我深受他們的故事啟發和鼓勵，也很高興能身體力行這些實用的建議和活動。每當我想到有人會閱讀這本書並活用書中的內容時，就會感受到滿滿的希望，因為我們每個人都有能力，為打造一個更祥和的世界盡一份心力。」

——**瑪西亞．米勒（Marcia Miller），俄亥俄州哥倫布市 Yoga on High 瑜伽教室共同經營者**

「閱讀茱迪絲和艾克的作品時，我感到很快樂，因為我覺得他們就像真心為我好的朋友般，站在我的立場對我說話或為我說話（而非命令或對我說教），他們會明確、仔細地指導我，不藏私地傳授我溝通這門複雜學問的眉眉角角，讓我們有機會在彼此的心中種下一片花海。謝謝你們的付出，這本書是幫助我敞開心扉的珍寶。」

——**愛德華．布朗**（**Edward Brown**），**禪學老師，**
著有《塔薩加拉麵包烘焙書》（***The Tassajara Bread Book***，**暫譯**）**和**
《塔薩加拉食譜大全》（***The Complete Tassajara Cookbook***，**暫譯**）

「這本書讓我想起，我到茱迪絲和艾克家作客時與他們在餐桌旁的對話。那些對話讓我們更深刻地探索了自己的意念，並更懂得珍惜寶貴的一生；而此時此刻，翻開這本書的每一個人，都能成為坐在那張餐桌旁的賓客。」

——**姬特．米勒**（**Kit Miller**），
灣區非暴力溝通組織（**Bay Area Nonviolent Communication**）**執行長**

獻給我們的孩子和他們心愛的人

新的想法總是會先被斥為無稽之談，
接著被視如敝屣地打入冷宮，
最後才會成為人盡皆知的通俗觀念。

——美國心理學之父　威廉・詹姆斯（William James）

作者序

跳脫惡性溝通，展開愉快對話

Shambhala出版社於二〇〇九年首次發行《非暴力溝通的對話練習》時，我不太確定大眾是否能接受這樣的內容。當時我已經是個頗具名氣的作家，寫了許多有關瑜伽修習、瑜伽哲學，以及有助瑜伽教學的解剖學和人體運動學（kinesiology）等教學類書籍。話雖如此，但《非暴力溝通的對話練習》和我過去的作品截然不同：它是一本以「溝通」為主題的書籍，且它不只討論了溝通這件事，更把溝通當作一種改變自我和提升自我覺察（self-awareness）的工具。不過後來證明，這一切都是我多慮了。

幸好，世界各地的許多瑜伽學生和老師都接受了這本書，並且讓我知道這本書對他們的人生帶來了許多幫助。聽到這樣的反饋，不論是當時的我或是現在的我，都深感欣慰。

事實上，口語溝通（verbal communication）可說是形塑人類發展的根本。言語可以團結我們，也可以分裂我們；它可以引燃戰火，也可以帶來歡笑。最棒的是，口語溝通可以打開我們的眼界，讓我們看見新的世界。言語可以幫助我們更了解自己、幫助我們擁有自由和意念、幫助我們用新的方式與世界交流，而這一切都會直接影響到我們和其他人的幸福。

其實，**我們說的每一句話都有改變世界的力量**。當然，這個力量可以改變我們的生活圈，但也可以改變更大的圈子。這是因為我們說的話不只會立刻影響到我們周遭的人，它也會透過別人的嘴，間接地影響到我們從未見過的其他人。

非暴力溝通創辦人、美國心理學博士馬歇爾・盧森堡（Marshall Rosenberg）就曾說：「我的話語反映了我的想法，我的想法反映了我的信念，而我的信念則主宰了我的世界，尤其是那些未獲認同的信念。」這聽起來跟佛陀所說的「不用追求開悟，只要懂得不再執著某些信念就好」十分相似。

有趣的是，我發現佛陀和盧森堡都不認為我們必須放棄自己的信念，反倒是懇求我們，要留意自己的信念會如何不知不覺地窄化我們的眼界，使我們只會用一種角度（我們的角度）看待這個世界。

先學會自我對話，才能和他人對話

《非暴力溝通的對話練習》想要提供讀者一個管道，先與大家談談自我覺察，再談同理自己和他人。只要我們願意將這些品質帶進日常生活、家庭關係或瑜伽教學，所有的事情都會有所改變。我們會感受到更內心的自己，並且與最親近的人建立更緊密的連結。

我誠摯地希望這本書不但能帶給你挑戰，更能成為你學習「非暴力溝通」時最強而有力的後盾。第八章是新修訂的內容，希望它能使你獲得更多幫助。請把這些活動謹記在心，並試著把它們一點一滴地融入日常。

還有，請務必記住：千萬不要灰心。學習非暴力溝通的過程，可絕對不僅僅是學習「該說哪些話」這麼簡單。實際上，非暴力溝通會從我們說話的最原始動機談起，它會讓我們看清自己說出這些話的背後蘊藏著什麼樣的意圖。坦白講，我們甚至可以說，非暴力溝通其實是一套「必須先與內在的自我對話，才有辦法試著與他人展開對話」的溝通方式。

最後，我要告訴你，非暴力溝通是一個跳脫惡性溝通模式的過程，它能讓我們揮別不愉快的對話、不愉快的關係，以及許多不愉快的生活處境。

我最大的願望，就是希望你能夠用心閱讀這本書，並逐步改變溝通方式。我想，你一定會喜歡這些改變所帶來的成果。更棒的是，當你將非暴力溝通融入日常之後，甚至會發現自己能更自在生活、對話，還有分享最深層的自我。

Namaste

茱迪絲・韓森・拉薩特
於美國加州舊金山

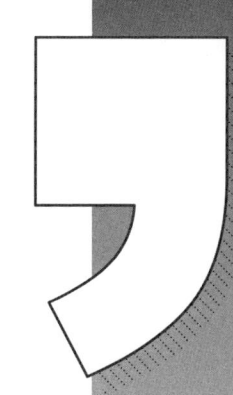

謝辭

我們要感謝在撰寫這本書時，曾經啟發、指導和支持我們的許多人。謝謝馬歇爾・盧森堡博士，要是沒有跟著他學習非暴力溝通，我們就無法領悟實踐「不說謊」和「正語」的具體行動。謝謝我們的三個孩子和媳婦，多虧他們，我們才會想多了解說話這門學問，並思考我們能如何利用它為彼此建立更緊密、純粹的人際連結。最後，我們想要謝謝我們的老師，B・K・S・艾揚格（B. K. S. Iyengar）和夏綠蒂・淨香・貝克（Charlotte Joko Beck）。上述提到的所有人，都令我們心懷感恩。

茱迪絲還要謝謝她的瑜伽課學生、朋友，和禪學老師琳達・卡茨・溫特拉布（Linda Cutts Weintrab），謝謝他們始終不離不棄地支持著她。艾克則想要感謝他在非暴力溝通這條路上，陪著他一起理解和將這些技巧融入日常的老師和同事，尤其他想感謝約翰・凱淵（John Kinyon），在他學習運用非暴力溝通進行調解，以及思考該如何把這套方法轉化成培訓課程時，約翰給了他極大的支持。另外，我倆還要謝謝茱莉・史提爾（Julie Stiles），謝謝她的犀利洞見、嚴謹審校，對這本書的編寫幫了很大的忙，更要謝謝她在艾克撰寫第九章時給予的協助。

我們也要感謝我們的出版社，唐納・德莫耶（Donald Moyer）和琳達・科戈佐（Linda Cogozzo），謝謝他們的眼光，也謝謝他們在形塑這本書的過程中，提供的實質幫助。

前言

為什麼我們要寫這本書？

言詞是靈魂的寫照：
一個人怎樣說話，就是怎樣的人。
——**古羅馬作家　普布里烏斯・西魯斯（Publilius Syrus）**

「這不是一種感覺。」我老公艾克一邊說，一邊盯著在廚房另一端的我，一副雀躍又洋洋得意的模樣。我瞅了他一眼，發現他好像不太高興。他剛上完馬歇爾・盧森堡博士的非暴力溝通研討課，正在告訴我，我並沒有按照他在課堂上學到的方式敘述「感受」。可惜，那時候的我根本無法去傾聽他的雀躍或是領會他的洞見，因為我正忙著抗拒他「教我如何說話」這件事。

我們在共同教授的非暴力溝通研討課中總會提起這段往事，因為它是一個很好的例子，可以告訴大家沒有貫徹我們在這本書要分享的原則時，會是怎麼樣的一個情況。不過，相較於後來我們開始「運用」這套技巧與我們的三個青春期孩子對話時所發生的狀況，我們當時的摩擦根本不算什麼。雖然我們都是笑著說這些往事，但那段時期真的非常痛苦，因為那個時候，艾克和我才一前一後的體悟到我們應該改變某個我們自以為早已瞭若指掌的舉動，那就是——溝通。

說話是最人性的活動。從出生的那一刻起，小嬰兒就會發出各種聲音來表達他們的需要；孩子學會說話時，眾人更是會開心地為之慶祝。言語是我們與各方交流的基本能力，用言語來表達我們的需要，還有回應他人的需要，似乎是再自然不過的事情。

然而，說話這件事看似簡單，實際上卻是由許多複雜的因素交織而出的舉動。我們的思想、信念和感受都會強力形塑我們的言語，從而反映出我們心中獨有的世界。如果我們一直都沒有意識到自己說出了什麼樣的話，可能每天都會因為自己的「心口不一」，面對著各種出乎意料的狀況。研究顯示，我們說出的話，只有一小部分能被真正地聽見，至於能被真正地理解的就更少了。再加上，不同的語言會以不同的方式去表達行動和思想，所以我們能夠理解彼此可說是一種奇蹟。

早在那段發生在一九九七年的廚房插曲之前，我們夫妻倆就已經開始關注「溝通」。我們都是從一九七〇年開始研習瑜伽，並在那時候學到帕坦加利（Patanjali）在《瑜伽經》提到的瑜伽哲理「八肢」（eight limbs 或 *ashtanga*）信條。修習瑜伽的第一信條是「持戒」（*yama*），即「約束」之意。持戒有五項約束，其中的第一項，也是最重要的一項，就是「不傷害」（*ahimsa*），或「非暴力」（nonviolence）。另一項約束則是「不說謊」（*satya*），或「誠實」（truth）：告誡瑜伽修習者要說實話，或者更準確來說，是要克制自己說出不實的言論。

我和艾克都發現，這個「說實話」的古老建議背後存在著許多的問題：誰的話是實話？我們對事實的感受都不一樣，不是嗎？美國知名作家菲利普・麥格勞（Phillip McGraw）在《人生策略》（*Life Strategies*，直譯）一書中就表示：「才沒有什麼事實，一切都只是看法。」當時的我和艾克覺得，雖然我們都很認同誠實的重要性，但我們不太能理解到底該怎樣做，才能讓日常中所說的每一句話，都符合這項約束的要求。

接下來的幾年，我們也對佛教的冥想產生了興趣，開始天天打坐禪修。我們發現，佛教就跟瑜伽一樣也有一套自己的戒律，而這之中有一項「正語」（right speech，即不用傷害自己或他人的方式說話）與「不說謊」非常相似。我們對這條戒律的理念深表認同，只不過與「不說謊」的情況相同，除了刻意要求自己不要說謊外，我們實在是有點想不透該如何徹底落實這條戒律。

有一天，在某次的佛教靜修活動中，碰巧有人向艾克提到了非暴力溝通的基本原則。於是，他就去找了這套方法的創建者盧森堡博士，跟著他一起學習這套溝通技巧。沒多久，我也加入艾克的行列，一起鑽研非暴力溝通。我印象很深刻，頭幾年，我根本無法掌握非暴力溝通的技巧。一開始，我們兩人都只是盡力依循著這套技巧最基本的架構去運用它，但慢慢地，隨著日子一天一天過去，我們也漸漸把這套技巧融入日常生活。在這段過程中，「練習」幫了我們最多的忙——我們做了大量的練習。

我們組了一個練習團，成員每週都會到我們家練習這門技巧；在平常的日子，我們也會試著每天互相練習。那時我們經常會開玩笑，說自己住在「非暴力溝通修道院」裡。我們還會參加非暴力溝通研討課，有些課程長達十天，可以讓我們徹底沉浸在非暴力溝通的環境中。後來我們終於意識到在做的一切，就是在學習一種新的語言——一種能充分表達同理心（empathy）和慈悲（compassion）的語言。

刻意練習，是提升非暴力溝通技巧的不二法門

我們發現，刻意去做冥想和瑜伽體式，與刻意去斟酌自己說話的用詞遣字，兩者之間存在著有趣的交互作用。我們對盧森堡博士的方法感到親切，因為一直以來，我們都在尋找一套更全面的方法來幫助我們提升修為：我們想要將自己在冥想坐墊和瑜伽地墊上所做的修習，帶入我們的生活，使我們成為一個更好的伴侶、父母、師長和公民。

這本書的主題是「我們說的話很重要」，要談的就是「我們說出的每一句話，都會對這個世界造成影響」。意識到言語的力量，並帶著這股精神去實踐非暴力溝通的技

巧，會讓你擁有一個強大的工具；這個工具不僅僅會對我們的人生帶來影響，也會對身邊的人、甚至是世界上的其他人帶來影響。倘若我們沒有意識到語言的力量，我們的情緒和心理狀態就會一直受到負面的刺激，讓自己和他人都感到痛苦萬分。

把說話當作一種靈修，是我們為自己的話語注入深厚意念時，必須做到的行動和學問，如此那些話語才能將我們與內心的自我連結，反映出心中真正的面貌。如果我們能落實這件事，就能幫自己創造出一個更理想的生活環境，並留給後代子孫一個更美好的未來，因為我們的話語有提升生活品質的力量。

現在我們已經明白，學習非暴力溝通不必是一件艱辛的事情。此刻我們終於感覺到自己開始從一個從未有過的思考方式，去理解「不說謊」和「正語」的真諦。我們花了好幾年的時間才領悟到要實踐它們的第一步，就是要發自內心的改變自己的思考模式，才能說出適切得體的話語。自從我們轉變了看事情的角度後，說話方式就出現了改變；我們變得越來越能輕鬆表達內心的實況，不必再刻意去回想自己說出口的話，也不必刻意去剖析當時的內心到底發生什麼事。有了這兩項轉變之後，我們與他人的互動也變得更加愉快。

我們撰寫這本書，是想與你分享我們在摸索這項技巧時所學習到的事情。這本書共有九章，會先從不說謊、正語和非暴力溝通本身討論起，接著會探討非暴力溝通的原則，告訴你要如何以此為基礎，與自己、伴侶、孩子和父母，以及職場中的人對話。每一章我們都有針對該章的主題提供相關的實作活動，幫助你將非暴力溝通巧妙地融入日常。如果你想要早日掌握非暴力溝通的技巧，不妨試著嘗試：

✧ **撰寫日誌**：記下在與自我和他人建立連結時，會為你帶來助力或阻力的特定措辭或語句；或者，記下你在對話練習時，得到的經驗或體悟。

✧ **尋找搭檔**：找一位朋友，請他當你的同理心夥伴，幫助你應對困難的對話。

✧ **組織團體**：組成一個《非暴力溝通的對話練習》讀書會，每週互相交流。

持續不輟的學習，能為我們的人生帶來不可思議的影響。我們非常開心你願意加入這個行列，一同探索非暴力溝通的美好。但願你能因這當中的某些技巧受惠，變成一個既能明確表達個人需要，也能關愛滿足他人需要的人。

第一章

「不說謊」和「正語」

口無遮攔是因為無知，還是因為無情？
我不知道，也不想知道。

——美國知名作家　威廉・薩菲爾（William Safire）

瑜伽和佛教的古訓有許多共通之處，比方說，它們都衍生自印度教；它們都會教導我們讓生活充實又遠離苦難的方法；以及，它們都很重視「說話」對人生的影響力，在兩者的戒律中都特別論述說話的重要性。

透過非暴力溝通，實踐瑜伽和佛教的修習

古印度哲學家帕坦加利（Patanjali）的《瑜伽經》雖是一本古書，卻是瑜伽修習者很好的參考書，因為它闡述了修習者該秉持的心理狀態和實踐方式。在這本書中，有兩條經文提到了說話這個主題。第一條經文出現在第二章的第三十節，帕坦加利在此列出了五種持戒，或者說五項約束，分別是：不傷害、不說謊、不偷盜（*asteya*）、不縱慾（*brahmacharya*）和不貪婪（*aparigraha*）。第二條經文則出現在第二章的第三十六節，提到了不說謊這件事。德國印度瑜伽研究學者喬治・福爾斯坦（Georg Feuerstein）在《帕坦加利的瑜伽經》（*The Yoga-Sutra of Patanjali*，直譯）一書中是這樣翻譯這條經文：「以誠實為根基時，個人的舉止作為取決於其修為。」這意味著，當我們在「不說謊」這方

面的修練日益精進，我們所說的話就能準確反映出現實。這句話也意味著，當我們沉浸在瑜伽的狀態中、成為一個澄澈的人時，就不能說任何有違事實的話語，所以我們說的話都會是符合事實的話。然而，這樣說並不正確，因為我們也具備實現某些事物，讓它們成為事實的能力；或者應該說，我們感受到的事實與說出口的話語之間，有著無法分割的連結。

話雖如此，但我們還是可以從瑜伽的其他層面去實踐誠實。瑜伽的所有持戒都很重要，而在這之中，又以「不傷害」為重中之重。我（茱迪絲）明白，如果我們忽略了「不傷害」這項基本的戒律，就永遠都無法做到「說實話」這件事。

在《瑜伽經》中，不說謊屬於瑜伽修習者必須謹守的一項約束。這表示，我們必須刻意節制自己的言論，不要讓傷人的話脫口而出。由此可知，若要做到這一點，在說出每一句話時，一定要知道自己正在說些什麼，這樣才能避免說出有違事實又具殺傷力的話語。值得一提的是，在《瑜伽經》裡，帕坦加利並未要求我們應該說些什麼，或是我們應該怎樣說話，他只有力勸修習者應該避免去做哪些事。

佛教的八正道（eightfold path）也有提及與瑜伽類似的戒律。這八個修習佛法的道理可分為三個部分。第一部分是智慧（wisdom），包括：正見（right understanding）和正思維（right thought）；第二部分是德行（ethical conduct），包括：正語、正業（right action）和正命（right livelihood）；第三部分則是心法（mental discipline），包括：正精進（right effort）、正念（right mindfulness）和正定（right concentration）。

所謂的「正語」，是能夠增進說話者的修為，並為他人的福祉和世界做出貢獻的話語。因此，正語推崇言之有物的言論，不歡迎漫不經心的閒聊、八卦、誹謗和謊言。當我們誠實面對自己，好好自省曾說過的話時，往往都會發現我們說出口的，大多都是傷人或是沒有意義的話語。

不過，就跟不說謊一樣，修習正語的方式同樣令人難以捉摸。不論是瑜伽或是佛教，在敘述這些戒律時都沒有特別詳述我們應該怎樣做，才能將它們貫徹落實於日常之中。除此之外，也沒有提供一套標準幫助大家評判自己是否「做到」正語或不說謊。也就是說，我可以知道自己做到了「頭倒立」（*Salamba Sirsasana*）這個瑜伽體式，但是否有做到「正語」或「不說謊」，就只能全憑「自由心證」。

正因如此，對修習不說謊或正語的人來說，非暴力溝通可說是一大福音。在非暴力溝通的技巧中，最基本也最重要的就是「內在覺知」（inner awareness）。另外，非暴力溝通還提供了思考和練習說話的具體方法。因為就跟瑜伽和佛學一樣，非暴力溝通也認為言語的力量非常大，且這份力量會從兩個面向影響我們。

言語的力量之大，不容小覷

首先，言語的力量會影響我們的人生，所以我格外注意自己的措辭。在開口前，我一定會先在心裡斟酌自己該如何表達我的想法，因為我所說的話會呈現出我的思維以及對這個世界的信念。有句我很喜歡的話是這麼說的：「我的話語反映了我的想法，我的想法反映了我的信念，而我的信念，尤其是那些未經審視的信念，主宰了我的世界。」

若是將這句話反過來思考，就意味著：**不論我的想法有無經過審視，它們都會形塑我的舉止和我與他人互動的方式，並決定了他人看待和對待我的方式**。舉例來說，假如我認為自己是一個毫無價值的人，那麼我就會開始表現出那樣的舉動，然後其他人也會開始這樣對待我，彷彿我的想法真的是事實。

我在做任何靈修時，永遠都會從回歸初心做起，提醒自己要時時關注內心狀態。記住這一點很重要，因為它是理解「我不是我的想法」這個重要觀念的基礎。沒錯，我是有這樣的想法，但它們只代表了我對自己的解讀，不代表我真的是這樣的人。要將「我不是我的想法」謹記在心，最好的方法就是養成「時時關注自我」的習慣：從檢視自己的內心做起，然後檢視自己的言談，看看自己有沒有做到表裡如一。我就是靠著這樣的方式，具體化我的信念，尤其是那些「我就是我的想法」的信念。

「說反話」就是屬於這方面的一個例子，有時我們可能會說出與心意相反的話語。比如，我可能會因為你沒有準時赴約而感到受傷，但我沒有說出這番感受，反而對你說：「我想你不在乎我們的關係。」這樣的言論非但不太可能開啟愉快的對話，甚至還有可能引發爭吵。

其二，言語的力量會影響整個世界，因為我們所說的每句話都有改變世界的力量——這麼說一點也不誇張。我們表達自我的方式，不僅會影響到我們的想法，也會影響我們與其他人、事、物建立關係的方式。為此，我們所提倡的說話方式是「先與你自己建立連結，再與你身邊的人建立連結，最後才與你手頭上要處理的事物建立連結」。這與我們過去學到的正好相反，一直以來我們多半都被告知要先關心手頭上要處理的事物，再關心身邊的人，最後才是關心我們自己。

然而，**倘若我們無法先關心自己，了解自我的感受和需要，我們說出口的話就無法如實反映我們的本意**。這種失真的表達方式，也會扭曲我們與他人和這個世界之間的關係。用這種扭曲的方式表達自我，不只會讓自己受苦也會讓其他人受苦。瑜伽和佛學推崇的各種修習，都是為了避免這類苦難的發生。

接下來我要舉的這個例子，可以幫助你更清楚話語會如何折磨人。假如有兩個人約定七點在家裡碰面，卻有一人超過七點才到家，那麼等待的那個人通常會說出這樣的話：「到哪裡鬼混了？為什麼那麼晚到？」其實，等候的那個人很可能是對另一方的遲歸感到不安和擔心，但他說出口的話卻只能讓人感受到他的不滿和憤怒。這時晚歸的那個人很可能也會感到不滿和憤怒，於是，雙方非但無法了解彼此真正的感受和需要，還會大吵一架、互相指責對方的不是。這樣的對話就只會帶來痛苦。

非暴力溝通是一種可以經由學習獲得的說話技巧，它會告訴我們如何在日常中實踐「正語」和「不說謊」的方法，如此一來，我們就可以把說話當作是一種靈修，持續精進修為，並運用這份修習與他人建立良好的連結。

下一章，我們就會開始學習這門說話技巧。

第二章

什麼是非暴力溝通？

最重要的三個口號就是：
說實話。說實話。說實話。

——茱迪絲・韓森・拉薩特（本書作者之一）

我（茱迪絲）第一次參加馬歇爾・盧森堡的非暴力溝通研討課時，有一大半的時間都坐立難安，不是因為我不喜歡他說的話，而是因為我不知道自己該如何做到他那樣的說話方式。

在研討課中，盧森堡博士會與來聽課的人逐一交談，並讓交談者感受到他與他們心意相通，讓他們對著他笑、對著他哭，或是對著他又哭又笑。「他是怎麼做到的？」我好奇不已。他看起來就像是在變魔術。我搞不清楚他究竟做了些什麼，但我知道，我想要自己能像他一樣用充滿慈悲的方式與人對話。多年後，隨著我接受了越來越多的非暴力溝通訓練，也越來越了解到非暴力溝通能如何應用在不說謊和正語的實踐上。

剛開始學習非暴力溝通時，你會覺得它好像都在講說話的語序和措辭——也就是比較著墨於「語法」（syntax）——在這本書中，我們也會把大部分的重點都放在這一塊。不過，我們希望你永遠記住，「意圖」（intention）才是非暴力溝通的基礎，「語法」只是幫助我們「想起意圖」的一種策略。

運用非暴力溝通的根本意圖就是「建立連結」：先與自己建立連結，然後才試著與他人建立連結。透過這樣的連結，我們可以創造出雙方都滿意的局面。當我們處在不同的狀態或次文化時，也必須針對它們採取不同的措辭。因此，我們希望你能善於用詞遣字，對你正在對話的對象說出既有意義又能引發其共鳴的話語。

關照自我需要，是好好說話的第一步

「練習與自己建立連結」，是一種直視內心深處的修習，相當有力量。如果我們無法與自己的需要搭上線，就不太可能與他人搭上線。絕大多數的人在小的時候都沒有學過這件事，所以多半都需要花點時間去練習，才有辦法養成這項能力。事實上，在我們還是孩子的時候，甚至會時不時被灌輸否定自身需要的觀念。

你是否見過這樣的場面：某對父母看見孩子伸手去拿祖母珍貴的藝術收藏品，便對那個充滿好奇心的小朋友說了這樣的話：「不要拿，你不需要那個花瓶。」這樣的言論根本不是事實，因為那個孩子肯定需要那個花瓶，因為他之所以會拿那個花瓶肯定是為了滿足自身的某個需要（學習或玩樂的欲望），但在現實中，那個孩子卻被告知「你不能碰那個花瓶」。就是這些小小的生活經驗，讓我們漸漸長成了一個看不見自己真正需要的大人。難怪我們在四十五歲去參加非暴力溝通研討課時，會對「看清自己的需要」

這件事感到手足無措。

這樣的成長環境，不僅會使我們看不見自身需要，也會養成我們閃避批判、懲罰或責罵的習慣；而學著去看見自身的需要，就是學著跳脫這種習慣的一種方法。**當你一次又一次地去確認，在某個情境下你做出的那些舉動（尤其是你出於習慣做出的舉動），滿足了你當下的哪些需要、又沒有滿足哪些，在未來才有機會採取不一樣的行動。**如此一來，就可以利用非暴力溝通漸漸改變你與自己和他人的關係。

一旦你開始學著去看見自身的需要，你就進入了學習模式。例如，你的同事再次向你抱怨，老闆總是聽不進別人說的話時，你就可以試著用不同的方式去回應他。你可以對他的抱怨不予置評，也可以同意他的看法，或者在心裡默默地解讀他的這番言論，看看他在話語裡表達了什麼樣的個人需要，說不定他是想被看見、被聽見，或是被欣賞。我注意到，只要我聽出了同事話中的弦外之音、聽出了他的話是在表達他的某個需要，而不是在抱怨另一個人的作為時，我就會對他的話做出不同的反應。因為我會試著直接回應他的需要，而不是用我自身的感受去回應他。萬一你發現自己是以自身的感受去回應他，可能就要問問自己，你想透過這樣的反應去滿足什麼樣的需要，而這樣的互動又無法滿足你的哪些需要。

在這番自問之後，你自然也要問問自己：「下一次我可以採取什麼不一樣的行動，好讓我的需要得到更大的滿足？」我們希望你在自問這些問題時，不要有任何批判、苛責、責難、羞愧、自責或罪惡的感覺。這些問題只是要讓你好好去了解：你滿足了哪些需要，又沒滿足哪些，以及有哪些方法可以讓這些需要得到更大的滿足。

「探索自我」是修習瑜伽和佛教冥想的核心，而我們能透過這番自問，去探究在日常中的交流和行動。

開始自問這些問題之後，你就會察覺到許多事情。你會為你的行為哀悼和慶祝，強化你喜歡的部分、改變你不喜歡的部分，而這一切都是為了讓你的需要得到更好的滿足。如此經過一段時間後，你就會漸漸記住這件事：感到焦慮不安時，請試試新的做法。新的做法能讓你學到新的東西，在這樣的過程中，你自然就會學到能滿足個人和他人需要的技能。

因此，從我們的觀點來看，非暴力溝通的核心不只要養成相關技能和實踐它們，還要依照「需要」選擇新的可能性、從中獲取經驗，跳脫過往習慣的模式。當我們漸漸能與自己的需要搭上線，我們的意圖也會隨之越來越清晰。此時，說話就成了一種靈修。

非暴力溝通的基本概念

學習非暴力溝通有四個基本的步驟。這些步驟並不是什麼公式，它們只是幫助你活用非暴力溝通的跳板。太過執著於這四個步驟，可能會讓你與現實脫節，無法清楚又準確地與他人溝通，所以請把這四個步驟當作你步入非暴力溝通的起點，待你覺得對這個溝通方式比較得心應手後，就可以不再拘泥這些步驟了。

❶觀察——客觀陳述狀況

首先，我們要客觀說出觀察到的狀況，也就是我們常說的「事實」。《瑜伽經》將這稱之為「pramana」（第一章，第七節），意指「正確的認知」，舉例來說「這個月是八月」或「約翰在中午到達」就是一種客觀的論述。

「約翰遲到了」就不是一個客觀的論述，而是一個帶有主觀意識的評論。為什麼？因為約翰或許不認為他遲到了，如果瑪莉告訴他「你遲到了」，他可能會否認並為此反駁。說不定在約翰的認知裡，晚到個十或十五分鐘並不算是遲到，但在瑪莉的標準裡就算只是晚於約定時間一分鐘，都算是遲到。因此，在這個範例中客觀的論述應該是：「瑪莉記得約翰同意在某一個時間與她碰面，但約翰晚到了十分鐘。」

做出這種區分十分重要，因為當我們用帶有主觀判斷的話與他人對話時，很容易讓彼此的對話偏離正題，變成一場辯駁事實的爭論——以這個例子的情況來看，就會變成一場辯駁「約翰有沒有遲到」的爭論。這樣的爭論很可能會使兩人完全無法談論到內心的真正感受，同時他們原本可以歡樂共度的時光也都會耗在相互爭吵上。事實上，瑪莉可能只是在擔心約翰的安危，而約翰則是很開心可以如此自在地與瑪莉相處。

我（茱迪絲）把「約翰有遲到」或「約翰沒遲到」這樣的論述稱之為「偽事實」（pseudo fact），意即「偽裝成事實的評論」。屬於偽事實的常見言論有「你開得太快了」、「這裡真的好冷」或「這是一部很好看的電影」。我之所以會把這些話歸類成偽事實，是因為它們乍聽之下就像是一句客觀的陳述，但實則不然。由英國學者湯瑪斯・拜羅姆（Thomas Byrom）所翻譯的《法句經》（*The Dhammapada*）就寫到，佛陀曾說：「不用追求開悟，只要懂得不再執著某些信念就好。」

一般來說，我們的觀點和信念都屬於偽事實，舉例來說，「這個房間很熱」就是一個偽事實。雖然它聽起來像是一個事實，實際上卻屬於評論。因為，另一個人可能會說：「不，才不是這樣。我覺得很冷。」所謂符合事實的客觀言論應該是（看看溫度計）：「這個房間的溫度約攝氏二十七度。」這樣的陳述方式就不太可能引起紛爭。

現在，請再想想這個情境。一位家長敲了敲房門走進了一名青少年的臥房，然後說了這樣的話：「房間好亂，請在明天早上之前整理乾淨，因為到時候會有客人來家裡。」接著，我們大概都可以猜到這個孩子一定會說：「房間才不亂。」如果這位家長依舊堅守自己的立場，孩子可能會說：「但我喜歡這樣。」萬一這還是無法使家長退讓，孩子恐怕就會拋出這麼一句：「這到底是誰的房間？」我想我們都心知肚明，在這一來一往的對話之後，這對親子之間肯定不會產生什麼美好的連結。

與此相對，假如一開始家長能用客觀的言論開啟對話，或許就可以讓彼此之間產生比較理想的連結，像是：「當我看見你的衣服散落在地上，桌上還有裝著食物的碗盤，床鋪又沒有整理時……」注意到了嗎？這樣的開場方式是不是會帶給你很不一樣的感受？造成這種差異的關鍵就在於，這句話是一段客觀的論述而不是評論。相反的，「當我看到你的房間一團亂時……」就不是一句客觀的論述而是評論。「一團亂」是一種帶有主觀感受的措辭，透露了發言者不滿意這種狀態。（這名青少年臥房的情境劇還未完待續，之後會隨著書中的內容陸續上演。）

用這種方式陳述觀察到的狀況，就是我們所說的「靈性對話」（spiritual speech）。我們要學習拋開自我的評判和信念，讓自己就像一台攝影機般客觀地敘述自己所觀察到的畫面。在本章的尾聲，我們也會提供一些練習活動，幫助你精進這方面的能力。

我們並沒有要在說話上提出什麼新的是非觀念；再者，評判這件事本身也不是什麼錯誤的事情。我們只是想要你知道，你使用了哪種說話方式，這樣你就可以了解到，評判式敘述會帶來什麼樣的結果，反之，客觀式敘述又會帶來什麼樣的結果。然後，你就可以自行決定要用什麼樣的方式說話。

另外，這裡所說的「評判」，是指依照個人的道德觀點去判斷某個人或某件事的對或錯。雖然我們在評估自己的需要是否得到滿足的舉動，也是一種評判，但在進行這類評判時，目的並不是在譴責其他人的動機。

❷感受——說出你的感受

感受是一種情緒，與身體的知覺息息相關。感受會不斷地變動、不斷地產生，它們會用最純粹的方式告訴我們在那個當下，我們的需要是否得到滿足。就某種層面來說，感受就像是來自潛意識的「火光」，它提醒著我們，目前的需要是處在「滿足」或「未滿足」的狀態。

舉例來說，我們可能會感受到快樂、滿足、自在、與自我和他人產生連結，或充滿能量；這些感受就是在告訴我們，在那個當下，我們感覺到自己的需要有得到滿足。或者，我們可能會感到悲傷、寂寞、害怕、暴躁或困惑，而這些感受就是在告訴我們，在那個當下，我們認為自己的需要沒有得到滿足。

所有人都有感受，而且它們生生不息又瞬息萬變。感受是從潛意識深處發出的信號，提醒我們需要注意某些狀況，這就跟瑜伽帶給我們的知覺一樣，例如，當我們在做「站立前彎」（*Uttanasana*）這個體式時，如果感覺到大腿後側的肌肉有很強烈的拉伸感，馬上就會注意到那個部位的狀態。這種感覺會告訴我們，該注意大腿後肌的狀況，還有該好好放鬆它們。這種「集中注意力」的行為就是一種修行。靈修的修練形式雖然和做瑜伽不太一樣，但它同樣是一種「集中注意力」的行為——注意自己的感受。

如果我們能養成注意自己感受的習慣，就能在萌生感受的那個當下，立刻察覺到自己的狀態，而這就是靈修的獨到之處。當你把注意力都集中在自己的感受上時，就不會對眼前的情況胡思亂想——胡思亂想是引發我們痛苦的源頭。

在非暴力溝通的模式中，有一件事你一定要記住，那就是：**要將自己所產生的感受，與其他人說的話和做的事分開來看待**。其他人的言行或許會激發我的感受，但我的感受是由我產生，它反映的也只是我獨有的看事眼光。舉例來說，同樣的一個消息，有的人聽到可能會感到難過，但有的人可能就會感到開心。造成差異的原因在於「人」，而不在於消息本身。雖然那個消息可能會激發很多人的感受，但它本身並不會產生感受；這是有區別的。

再舉一個例子。假如我們一起去看電影，看電影的時候你哭了，但我沒有。就客觀的觀察來說，我們都看了那部電影，也都受到了相同的刺激，可是我們的反應卻不一樣。這背後的原因就是，你、我都是獨一無二的個體。打從在媽媽的肚子裡，我們就被賦予了一套獨一無二的反應模式，爾後我們的人生經歷（尤其是童年時期的經歷）也會不斷形塑它的樣貌。

此外，你要記住的另一件事是，說出「我覺得你是個討人厭的傢伙」時，不是在表達一種感受，它是在表達一種看法。許多人會用「覺得」這個詞來表達心中的信念、想法和印象。也就是說「我覺得你這樣做很偏心」這句話並不是在表達一種感受，它是在分析對方的作為；如果你能把這句話改成「聽到你對我說那些話的時候，我感到很難過」，才是在訴說你的感受。**這種先客觀陳述狀況（「聽到你對我說那些話的時候」），再說出自身感受（「我感到很難過」）的表達方式，能讓發言者回歸初心，說出內心真正的想法。**我們在冥想時，就是以這種方式觀察腦中出現的想法。可預期的，當你能以不參雜分析或看法的話語去表達你的感受時，就一定會很喜歡它們所帶來的回應。

最後請記住，在非暴力溝通中，你所表達的感受不該牽扯到其他人。舉例來說，「我覺得被拋棄了」這句話就牽扯到了另一個人，因為這句話要成立，勢必要有一個「拋棄我的人」。相反的，我會說「我感到又寂寞又害怕」，另一個人離開時，這些都是可能出現的感受。

試著大聲說出這兩句話。首先是「你拋棄了我」，這句話表達了對某人行為的看法。一聽到這句話，對方可能會覺得自己被定罪了，他甚至有可能會回你：「我沒有拋棄你。」然後你可能又會回他：「噢，沒錯，你就是拋棄了我。」接下來你們可能就會吵起來。現在，請你大聲說出這句話「你不在家的時候，我感到又寂寞又害怕」。這個時候，對方就無法和你爭論那些感受，因為那些寂寞和害怕都是你的感受，只有你才感受得到它們的存在。在這個情況下，這些感受就反映了你真實的狀態。進一步來說，聽到有人說：「不，我才沒有拋棄你。」你不會覺得怪怪的，但聽到有人說：「不，你才沒有感到又寂寞又害怕。」你就會覺得非常怪，因為這句話根本不合邏輯。

❸需要——表達你的需要

這句話可能會讓有些人感到反感，因為他們把需要和「弱者」畫上等號。然而，在非暴力溝通中，需要只是任何生物在展現生命樣貌時，自然而然產生的一種需要。好比說，我們都有生存的需要（所以需要空氣、水、食物和住所）和成長的需要（所以需要碰觸、嬉戲、親密互動、性向表達和創造力）；我們都有被尊重的需要，以及被視為自主個體的需要；我們也有心靈方面的需要，例如，追求內心的祥和、完整，或與神靈建立連結。實際上，目前已發現人類有數十種需要。所有的人類都有需要，因為生命在展現它自身樣貌時，必然會產生某些需要。我們與自身的需要搭上線後，也會同時與我們的生命力搭上線，因為這股力量就源自我們的內心。

或許，這就是為什麼我們會覺得嬰兒這麼迷人又可愛。因為他們總是很清楚自己的需要，且總是會誠實表達出來。當他們餓了、尿布濕了，或覺得無聊時就會立刻想辦法讓我們知道。再者，嬰兒不會討厭自己的需要，或是認為自己是父母的負擔。身為成年人，我們經常會因為某些想法，而理想化我們的需要，或是放棄滿足它們，像是「我不該有這樣的需要」，或「沒有人會提供我需要的任何東西」之類的想法。

當我們的需要無法得到滿足，那麼身而為人的基本資格就會遭到否定；一旦這種情況發生，我們就無法成為一個完整的人，獲得完整的幸福，或擁有完整的健康。學會發現我們的需要並設法滿足它們，是一項基本的生活技能，而這項技能也是落實靈性對話的一部分。

馬歇爾．盧森堡在他的研討課中，有時會引述智利經濟學家曼弗雷德．麥克斯－尼夫（Manfred Max-Neef）提出的理論；這位經濟學家把人類需要分為九大類，分別是：情感、創造、自由、認同、參與、保護、娛樂、生存和理解。你或許會發現，這九個需要就是你練習非暴力溝通很好的起點，請由此著手，練習在這些需要出現時，察覺它們的存在。

我（茱迪絲）曾經在一場派對上，遇到一位銷售勞斯萊斯汽車的業務。他告訴我，沒有人「需要」一台勞斯萊斯，而他的工作就是說服他們「有這個需要」。在這短短的幾個字中，他道盡了人類消費文化的基礎。車子雖然不是一種需要，卻可以是滿足需要的一種策略。在這個情況下，它有機會滿足購車者的什麼需要？有可能是它可以成為購車者維持家計的生財工具，或者是它可以讓購車者自在地往返各地。這之中你必須注意到的重點是，那些需要其實也可以由其他的車輛、其他的交通工具，或其他的交通方式滿足。

無法清楚區分「策略」和「需要」，會為我們帶來很多麻煩。遺憾的是，絕大多數人一直都處在這種「策略、需要傻傻分不清楚」的狀態。我們會把就讀特定的大學、得到特定的工作，或學習特定的瑜伽動作當成是一種需要，但實際上，這些全都是滿足我們需要的策略。從上面列出的這些情況，你能夠猜到隱藏在它們背後的需要可能是什麼嗎？或許，就讀特定的大學，是為了滿足我們在安全感或認同感方面的需要；得到特定的工作，是為了滿足我們在群體、創造和財務方面的需要；至於精通特定的瑜伽動作，則說不定是為了滿足我們在維持體能或玩樂方面的需要。

要維持良好的關係，一定要把策略和需要分清楚。很多時候，夫妻在吵架時，都是在策略這一塊爭論不休。舉個例子，某對夫妻可能會為了要去哪裡度假而發生爭執。因為他們一個想要去海邊，但另一個想要去山上。乍看之下，他們兩人似乎是不可能達成共識，但從非暴力溝通的角度來看，這場爭論的重點都放在策略上。其實，他們倆人可能都有著相同的需要，那就是：好好休息和玩樂一番，他們只是選擇用不同的策略來滿足那些需要。一旦他們能把需要放在討論的第一位，最後往往都能找到一個雙方都滿意的策略。

在需要這一塊，愛是很有趣的一個部分。許多人都會說愛是一種感受，但非暴力溝通認為愛是一種需要。如果我有個從某人身上得到愛的策略，但那個人沒有給我那份愛，我就會因為無法滿足我對愛的需要而鑽牛角尖。然而，不論是什麼需要，可以滿足它的策略一定都不會只有一種，愛也不例外。我還是可以從生活中的許多地方得到愛。把愛視為一種需要，可以讓我跳脫原本的束縛，轉身去尋找可以滿足那項需要的另一種策略。

看到這裡，如果我們回頭去看前文那名青少年臥房的情境，按照目前所提到的三個步驟，家長或許可以用這個方式與孩子溝通：「當我看到你沒有整理床鋪，衣服又散落在房間地板上時，我感到有些挫敗，因為我需要整齊和美感。」這樣的說話方式能讓家長清楚表達他要討論的問題，並不在於青少年的房間，而是在於「他內心的感受」，以及之所以刺激他產生那股挫敗感的原因。沒錯，那個房間的狀態確實是激發他產生那股感受的原因。可是，當他以這種客觀的方式說出觀察到的現況時，就能把討論的重點清楚地帶到他的需要上，同時，他也能清楚表達出，對方的作為並不是使他產生那些感受的原因。

❹請求——提出具體的請求

我在提出請求時，會盡可能讓自己的需要在那個當下得到滿足。乍看之下，在非暴力溝通的模式中，「提出請求」或許是最容易理解的環節，但實際上要明確做到這件事，可能不如你想像中容易。

你所提出的請求必須符合下列條件：它們要針對當下的需要提出，且要具體、可行的。在非暴力溝通中，請求是一種可以馬上執行的特定行動，例如：「你現在可以花五分鐘整理床鋪嗎？」或「你可以告訴我，大概什麼時候能整理床鋪嗎？」

「你可以證明你愛我嗎？」就是一個不符合非暴力溝通原則的請求，因為它不是一個具體可行的請求。試問，這段對話中的談話者，有哪一方知道做到了哪些事，便能滿足「證明愛意」的請求？證明愛意並不是什麼可以用相機拍下來的具體行動。如果要讓這句話成為一個具體可行的請求，可以把它改成「你現在可以抱抱我嗎？」或「你可以坐在沙發上，靜靜聽我說五分鐘的話嗎？」這些話都是符合非暴力溝通原則的請求，因為它們不僅是針對當下的需要提出，還包含了具體可行的行動。在這個條件下，雙方都能明確知道這項請求有無得到滿足。

另外，提出的請求應該只會涉及到當下，不會涉及到未來。比方說，我們不該問：「你明天會洗車嗎？」沒有人會知道他們明天會發生什麼事。取而代之，我們可以這樣問：「你現在願意答應我，明天下午去洗車嗎？」或「你是否能跟我約星期六，並花十分鐘決定我們要投保哪間保險公司嗎？」

在學習提出具體的請求時，還必須留意到一個重點，那就是要懂得區分「請求」（request）和「要求」（demand）。在這方面，通常你只能透過一種方式來區分，那就是假想：當別人拒絕你的請求時，你會做些什麼（或是想做些什麼）。

如果你用你學到的這套新的說話方式，提出了一個「完美」的請求，但對方還是拒絕了你，這個時候，假如你會試圖迫使他接受你的請求，那麼你所提出的就是「要求」

而非「請求」。就算你是輕聲細語又和顏悅色在做這件事，也不會讓它變成請求。**請不要有「你提出了請求，別人就應該接受」的想法，這並不符合靈性對話的精神**。我們在提出這種「偽請求」時，一定會想要用盡一切本領說服對方接受。為了讓自己能提出真正的請求，我們必須對溝通的結果抱持開放的態度，並允許對方拒絕你的請求。（稍後我們就會討論到，萬一你一開始的請求被拒絕了，下一步可以採取什麼樣的行動，讓自己的需要得到滿足。）

最後，讓我們再回到那名青少年臥房的情境，請家長把「提出請求」的元素也納入發言，所以他可能會說出這樣的話：「看到你沒有整理床鋪，衣服又散落在房間地板上時，我感到有些挫敗，因為我需要整齊和美感。你現在願意花十分鐘，和我一起整理床鋪，然後把地上的衣服都撿起來，掛進衣櫥裡嗎？」這段話提出了具體的請求，也清楚傳達發言者是出於自身的需要，來提出這個請求，此舉會使聽者比較願意配合。

套用制式句型，練習非暴力溝通

你在非暴力溝通中學到的語法，都是為了幫助你看清自己的意圖（例如，想與對方建立連結），並記住那份意圖。我（艾克）發現，對我自己和其他學習這門說話技巧的人而言，利用非暴力溝通的基本句型逐字練習，對學習這個新語言的幫助非常大。這個基本句型的格式如下，我們都暱稱它是「初學者的輔助輪」：

「當我聽到______時，我感到______，因為我需要______；你願意______嗎？」

根據我的經驗，跳過這一步的人都需要花比較長的時間去學習非暴力溝通，甚至，他們可能永遠都無法與自己的「需要」真正地搭上線。在反覆練習這個基本句型的過程中，我們可以不斷強化區分某些基本概念的能力，這些能力對掌握非暴力溝通非常重要，因為你一定要懂得區分：「客觀式敘述」和「評判式敘述」、「感受」和「偽裝成感受」的看法、「需要」和「策略」，以及「請求」和「要求」的區別。這些重要的區分全都嵌入了這個基本句型的結構，所以使用這個句型可以提升你對它們的認識。

我發現，要把這些重要的區分徹底內化到意識中，練習這個基本句型是不二法門，因為這個句型會促使我們特別去留意溝通的四大要素：觀察、感受、需要和請求。一旦它們徹底內化到你的意識之中，你就能用比較口語化的措辭與其他人建立連結。待你能以滿足自身需要為基礎、看清你與對方溝通的意圖後，那麼就算溝通期間你有用到一些帶有評判意味的字眼，還是能順利與對方建立連結。常有人摸不著頭緒，他們的措辭明明都很「得體」，為什麼卻無法得到想要的結果？這或許是因為他們還弄不清楚自己的意圖。當你很清楚自己想要和對方建立什麼樣的連結，那些話語就變成了你完成這項意圖的策略，這時，特定的措辭和語法就不再那麼重要。

非暴力溝通的核心原則是：把注意力放在你與自我和他人之間的連結，從而運用這份連結去滿足你自己和他人的需要。人們經常認為，只要能清楚分析眼前的局面，就能得到我們想要的東西；但非暴力溝通認為，唯有在我們能與自身需要搭上線的條件下，才能與他人的需要搭上線，並相互配合、滿足每一個人的需要。

接下來的內容中，列出了一些基本的感受和需要，它們或許能幫助你更精準地表達自己。

非暴力溝通的四大要素 vs. 容易混淆的部分

❶ 觀察

- ◆ 注意、意識和接納看到的狀況。
- ◆ 敘述發生了什麼、事實是什麼。

vs.

評估、評判、解釋、診斷

- ◆ 思考發生了什麼事，分析眼前的局面。
- ◆ 依照個人的道德觀點，去評判對錯、好壞。

❷ 感受

- ◆ 是情緒，是身體的知覺。
- ◆ 反映了我們的需要。

vs.

想法、信念、看法、印象

- ◆ 「我覺得這就像……」
- ◆ 「我覺得被拋棄／被拒絕／被背叛……」

❸ 需要（具共通性）

✦ 生命在展現其自身樣貌時，必然會產生的共通需要。

✦ 與生命力搭上線的方式。

✦ 是一種無關外在，源於內心的體會。

vs.

策略、具體作為（具多樣性）

✦ 滿足需要的方法。

✦ 涉及特定的人物、時間和地點。

✦ 通常會受到文化、習慣和環境的影響。

❹ 請求（聚焦於行動）

✦ 不論對方是否接受你的請求，都能自在、欣然地接納。

✦ 把請求看作是滿足需要的禮物。

✦ 針對現況提出明確、積極的行動。

vs.

要求（威逼、利誘）和模糊的訴求

✦ 使用沒有選擇餘地的措辭，像是：必須、應該、一定、非得。

✦ 訴諸恐懼、羞愧、罪惡、義務和責任。

✦ 把它包裝成一種應得的懲罰或獎賞。

✦ 表達方式含糊、抽象又脫離當下。

對話練習

觀察

- 寫下過去一週，你心中曾對其他人和自己萌生過哪些評判，各列出三項。接著，請將那些評判式敘述，逐一轉化成客觀式敘述。
- 試著用客觀式敘述的方式與他人互動，每天三次，持續一週。寫下你的互動過程，並與你的「同理心」夥伴討論它們：這位朋友要跟你一樣，願意從同理心的角度看事情，這樣你們才能相互拓展自己的同理心能力。你們可以視需要不定期的聯絡，給予彼此所需的幫助；也可以定期聯絡，在固定的時間見面或電話交流。

感受

- 持續一週，在早上九點、中午十二點、下午三點和晚上六點時，停下手上的工作，好好去留意你當下的感受，並把它寫下來。
- 認為自己當天說對話的時候，出現了哪些感受？把它們寫下來。

需要

- 在早上九點、中午十二點、下午三點和晚上六點時，停下手上的工作，好好留意你當下的需要並把它寫下來。請記住，需要無所不在且無關他人，它們皆源自於個人的內心。
- 想想在過去幾天你所表達過的「需要」中，有哪些其實是偽裝成需要的策略？從中挑出三個例子，記在心中或用筆寫下來。

請求

- 對三個人提出你想到的請求。你可以對三個人都提出相同的請求，或是提出不同的請求。寫下這些請求，並按照非暴力溝通的原則修潤它們，接著對這三個人提出請求，看看會發生什麼事。
- 特別留意今天大家對你說的每一個「請」或「謝謝」，這些話語背後其實都隱藏著請求之意。好好觀察自己在知道這層意義後，對這類話語會產生多麼不同的感受。在這種情況下，不論對方使用了什麼樣的措辭，實際上都是在悄悄地向你提出請求，向你表達「請滿足我的需要」或「謝謝你滿足我的需要」之意。

感受和需要的詞語列表

形容「感受」的詞彙

◆形容挫敗

沒耐心的
煩躁的
生氣的
焦慮的
厭惡的

◆形容難過

寂寞的、沉重的
受傷的、痛苦的
心碎的
無望的
悲傷的

◆形容害怕

恐懼的
驚嚇的
緊張的
畏懼的
絕望的

◆形容不知所措

震驚的
精疲力盡的
無助的
提不起勁的
疲累的

◆形容困惑

猶豫的
苦惱的
尷尬的
懷疑的
茫然的

◆形容平靜

冷靜的
滿意的
滿足的
放鬆的
安定的

◆形容溫柔親切

暖心的
溫柔的
感激的
親切的
有愛的

◆形容快樂

高興的
興奮的
愉快的
開心的
自信的

✦ 形容俏皮嬉戲

精力充沛的
開朗的
大膽的
調皮的
活潑的

✦ 形容感興趣

有靈感的
熱切的
好奇的
驚喜的
著迷的

表達「需要」的詞彙

✦ 身心福祉

食物、營養
安全、保護
健康、保健
運動、娛樂
休息

✦ 關係連結

愛、接納
關心、被照顧
親近、友好
尊重、尊敬
平等、溝通

✦ 舉止表現

慶祝、玩樂
看見、被看見
真實性、一致性
自主、自由
選擇

（接上頁內容）

✦ 身心福祉

平衡、秩序
輕鬆、流暢
和睦、和諧
成長、學習、功效
周全
美

✦ 關係連結

社群、歸屬感
理解、被理解
合作、支持
存在感
體貼、清晰
誠實、信任
目的
力量、影響力
包容、共同性

✦ 舉止表現

重要性
創造力
貢獻
靈感
幽默
熱情
正直
感恩

第三章

四種非暴力溝通

新的想法總是會先被斥為無稽之談，
接著被視如敝屣地打入冷宮，
最後才會成為人盡皆知的通俗觀念。

——美國心理學之父　威廉·詹姆斯

所謂的「靈性對話」（spiritual speech），是將「不說謊」和「正語」貫徹落實於日常的一種方法。如果沒有如同非暴力溝通般的談話技巧，這些重要的觀念就只能停留在一個抽象的狀態。儘管我們可能非常看重「不說謊」和「正語」的觀念，但到底該如何自然而然地做到它們，並利用它們創造出一個我們想要生活的世界？

剛開始學習非暴力溝通時，往往都會覺得這純粹是一門講究措辭的學問。雖然善用第二章提到的「輔助輪」句型很重要，但更重要的是你一定要記住這項重點：**練習非暴力溝通的首要之務，就是要發自內心的改變自己的思維，這樣才有辦法有效地運用這套特別的語言**。永遠不要忘了，你必須先和自己的內心搭上線，才有辦法改變你的思維，而唯有如此，才能夠活用非暴力溝通。正是這番思維和意圖的內在轉變，使說話成為一種靈修。

當我們在非暴力溝通上遇到困難時，就表示我們可能還沒做到上述的內在轉變，這時請善用你在瑜伽或冥想中學到的技巧，或者是放緩步調、關注你內心當下的狀態。沒有這種自我覺察，我們就會忘了「我們說的話總是會以自己為中心」（尤其是在說我們的感受和需要時），「絕對不會」以對方為中心，因為我們所說的都是出自我們對於事物的感知。在這種情況下，即便我們所使用的每一個措辭聽起來都像是以對方為中心，也掩蓋不了這個事實。

溝通方式① 聚焦在自我同理上

從自己開始很重要，尤其是當你正處在學習階段。絕大多數的人都因為受到文化或宗教的薰陶，認為「關注自己」是一種很自私又糟糕的舉動——這個觀念完全錯誤。如果我們無法充分了解自己的感受和需要，好好的自我同理（self-empathy），就不太可能與他人建立起良好的連結；如果我們連自己都不了解，那麼說出口的話就很可能造成不好的結果（業障），讓大家都不好受。

我們的言語會在彼此的溝通之間活絡發展，而這些言語的影響力則會以「情感ＤＮＡ」（emotional DNA）的形式傳承給我們的下一代。情感ＤＮＡ形塑我們人生的力量，就跟先人給予我們的「生理ＤＮＡ」（physical DNA）一樣強大。情感ＤＮＡ

會構築出我們思考、判斷和行動的模式。其中，「自我同理」這項工具可以幫助我們意識到自己內心當下的狀態，讓我們得以明白自己繼承了什麼樣的說話模式。有了這番認知後就有了「選擇」，我們就可以轉換自己說話的方式，用說話來療癒自己、療癒我們的孩子，還有療癒這個世界。

在練習自我同理的時候，請你自在地坐著或躺在一個安靜的空間裡，回想今天某個人對你說的某些話，且這些話有引起你的反應。你或許會想要把這些對話寫下來，讓它在你的文字裡沉澱下來。待你把整場交流的始末都梳理清楚了，就可以用客觀式敘述，把對方跟你說的話精簡成一個簡單的句子，開始檢視這句話激發了你什麼樣的感受。

也就是說，你會對自己說：「我記得湯姆說＿＿（客觀陳述狀況）時，我感到＿＿（說出你產生的感受），因為我重視＿＿（需要）。」**請確認在敘述對方說或做的事情時，是以「客觀」的角度如實陳述，不帶任何個人評判的色彩**。請不要使用「髒亂」、「遲到」、「好」、「苛薄」和「討人厭」之類的詞彙，因為這些詞彙意味著你默默地對這件事進行了評斷，屬於評判式敘述。

記得，在對自己說這句話的時候，請試著用各種不同的詞彙去表達你的「感受」

和「需要」。當你用到可以真實表達它們的詞彙時，你一定會有所感應。通常，你在突然發現了潛藏在心中的某項事實後，都會感受到身體出現一股強烈的反應，比如，你對自己說出這些詞彙的時候，你可能會流淚，也可能會感到一陣狂喜。

在你感受到這種反應之前，千萬不要輕言放棄，這個過程不單單是一種認知上的覺醒，這股能量的轉變是你與最深層的自我搭上線的證明。此刻，你已經同理了內心的自我，也與體內的生命力搭上了線。**只要你能說出內心的實況，就能讓自己的某個部分得到治癒。**

最後，另一個狀態也會讓你知道，你已經與內心的自我搭上線，那就是你會注意到自己對對方產生了好奇心。你會開始好奇在對話的當下他們可能經歷了什麼事，或者是，現在他們可能正經歷著什麼事。我們的建議是，在你產生這股好奇心之前，都讓自己一直默默地去做自我同理這件事就好。你可能必須以自我同理的方式自我對話好幾次，才有辦法自然而然地對對方產生好奇心。

另外，如果在還沒達到這種境界之前，就硬逼著自己去探究對方的狀態，那麼你說不定會出現這類的想法：「我才不在乎那個討厭的傢伙，現在到底有什麼樣的感受或需要。」倘若真的冒出了這種想法，在你能夠以不帶成見的眼光去看待對方，並感受到自己對對方興起了一股關愛（或者至少好奇）之心前，就請繼續專注在自我同理的練習。

溝通方式② 以自我表達為重

第二種溝通方式是自我表達（self-expression），也就是說，你會向對方大聲說出自己的狀態。在學習這種溝通方式時，我們要再次運用到頁五五的輔助輪句型：「當我聽到你用超乎我預料的力道關門時，我感到很不開心，因為我需要尊重和平靜。」（請留意這裡使用的客觀式敘述：發言者是說「用超乎我預料的力道關門」，而非「大力甩上門」。「大力甩上門」帶有評判的意味，對方很可能會抓著這一點與你爭論不休。）

在這番自我表達之後，一定要緊接著向對方提出一個明確、可行的請求。如果你只說第一句話就沒有下文了，對方很可能會跟你爭論起來，並說出諸如「我才沒有大力甩上門」、「你老是那樣說」或「我做什麼你都不滿意，對吧？」等話語。在沒有提出可行請求的情況下，大家往往都會把你表達的觀察、感受和需要聽成是一種批評。（你一定要在自我表達之後，立刻提出你的請求，詳情請見下文。）完整的溝通內容應該是這樣：「當我聽到你用超乎我預料的力道關門時，我感到很不開心，因為我重視尊重和平靜。你願意告訴我……？」最後的這個問句就是你提出的請求，更多細節會在頁八〇介紹第四種溝通方式時說明。需要特別注意的是，你在完整陳述溝通的內容時，整段話的字數請不要超過一百個字，因為話太長可能會讓人接收不到你想傳達的意念。

切記，即便你用了「百分之百」的非暴力溝通語言提出了請求，對方還是有可能會把你的話聽成是一種批評或評判。萬一如此，就請你再做一次自我同理，然後試著再表達一次自己的想法。別忘了，非暴力溝通的修習方式跟瑜伽和冥想，有著異曲同工之妙，它們都需要大量的反覆練習。在學習非暴力溝通時，不要想著要怎麼把它做好，而是要想著要怎麼與自己建立連結，以及與你眼前的那個人建立連結——這些連結掌握了改變世界的潛在力量。

溝通方式③　將重點放在給予同理心

第三種溝通方式是以給予對方同理心（empathy）為重，可以一開始就以這種方式與對方溝通，也可以用它來延續你先前使用的溝通方式；你可以在心裡靜默地同理對方，也可以把這份同理大聲說出來。我（茱迪絲）剛接觸到靜默同理對方的溝通方式時，並沒有對它留下什麼深刻的印象，因為我覺得，如果我沒有告訴對方我在想些什麼，我的想法怎麼有辦法改變彼此間的關係？

可是，待我開始嘗試這個練習之後，就被它的影響力嚇到了。我發現，在我開始靜默同理對方的同時，改變就發生了，只不過「那個改變是發生在我身上」。這是因為，要做到靜默同理他人之前，我必須先同理自己。我剛開始修習非暴力溝通時，可能要花數分鐘、數小時，甚至是數天的時間才能做到自我同理。不過透過練習，現在我有時候只需短短數秒，就能夠感受到自我同理所帶來的轉變，然後我幾乎馬上就可以對對方產生同理心。老實說，現在我差不多把自我同理和同理他人視為同一個過程，因為它們總是會在我心中接連發生。

我在心中靜默同理對方時，對方也能察覺到我在表達方式和肢體語言上的轉變。這樣的轉變有時候非常顯而易見，每次我產生這種轉變時，對方都能感受到並隨之產生變化。我和艾克總是對此感到驚喜，也很高興靜默給予對方同理心時，可以帶來這麼大的影響力。

靜默給予對方同理心就是憑直覺去感受或猜測，在那個當下，對方可能有著怎樣的感受或需要。此外，請務必以客觀的陳述開啟這段對話。你在心中進行的對話可能會是這個樣子：「當我聽到她說＿＿＿時，我猜想她是感到＿＿＿和需要＿＿＿。」在做這件事時，有沒有說中符合她的「事實」並不重要；當然，你一定要在同理過自身的需要後，才進行這個臆測對方的過程，因為那是激發你去同理對方的動力。一旦你可以做到這番轉變、變得能去關愛別人，就更有機會說出你真正想說的話。

給予對方同理心的另一種方式，是把這份同理大聲說出來。請記住，這不是要證明你的猜測是否「正確」，而是要實踐你與他人建立連結的意圖。這份意圖反映了「不說謊」的精神，因為它不僅僅是要我們說出符合事實的話，還蘊藏著希望藉由此舉讓整個世界變得更美好的意圖。至於，要學會用同理心去猜測對方狀態，最好的方法就是一直練習它。每當你心中對某些人產生了某種評判時，就先用一天的時間靜默地同理自己，再試著去同理其他人。只要你願意這麼做，就會看到神奇的事情發生！（在本章的尾聲，我們有提供相關的練習，幫助你增進「同理心猜測」〔empathic guessing〕的能力。）

辨別「同理心」和「同情心」的差異

需要特別強調的是，在同理其他人的時候，一定要充分理解「同理心」和「同情心」（sympathy）之間的差異。同理心是以對方作為對話的中心，關心他們的感受和需要；同情心則是傾聽對方的話，然後以自己為中心，去表達你與對方的連結，例如，「我懂你的感覺，我的狗在去年三月去當天使了。」雖然表達同情心往往是出於善意，但它會使對話的中心由對方移轉到自己身上，因此，在練習對他人表達同理心的時候，一定要留意自己是否表達成同情心。

在給予同理心上，我（艾克）有個特別印象深刻的經驗。二〇〇二年一月，就在九一一攻擊事件和《華爾街日報》（*Wall Street Journal*）記者丹尼爾・珀爾（Daniel Pearl）的綁架案之後，我和非暴力溝通培訓師約翰・凱淵（John Kinyon）造訪了巴基斯坦，到位於白沙瓦附近的沙姆薩圖難民營（Shamshato refugee camp），提供為期三天的非暴力溝通衝突化解培訓課程。

抵達巴基斯坦後，我們一路朝西北方前行，來到位在開伯爾山口（Khyber Pass）附近的阿富汗邊界。阿卜杜拉・哈菲茲（Abdula Hafeez）是掌管所有難民營安全的總負責人，要進入營區，我們必須先得到他的許可。多疑的他對我們提出了許多問題，我們花了近十分鐘的時間回覆他的問題，試圖讓他「理解」我們提供的是什麼樣的課程，但他還是不願意讓我們進入。後來我們改變策略，開始去猜測他當下的感受和需要，才終於在接下來的十分鐘裡讓他放下對我們的疑心，同意我們進入。那個時候，我看到了他在某個瞬間迅速地轉變了態度。他把身體往前靠向辦公桌，提筆為我們開立進入該座營區的通行證，還幫忙安排了兩名隨行保全人員、交代該營區的管理員要全程陪同我們，並提前在營裡發出公告，邀請所有的尊長與我們見面。

這個營區收容了一千一百個家庭，他們都是為了逃離阿富汗多年的暴政才來到這裡。我們本來打算從第一天就開始教他們非暴力溝通的原則，但他們實在有太多的痛苦需要傾吐，所以頭兩天我們都一直處在給予他們同理心的狀態。這些人已經在這個所謂的「臨時」營區住了好幾年；他們曾經被允諾過許多、許多的承諾，但絕大多數的承諾都成了一場空。他們不再生活在自己的國家，他們的孩子無法擁有許多我們視為理所當然的事物，簡而言之，他們可說是前途茫茫。

沒有按照原定計畫為他們上課的那段時間，我們發現自己對眼前的一切感到痛苦萬分，因為對身為美國人的我們而言，他們的遭遇對我們造成了很大的刺激。我們的某部分痛苦是源自美國對阿富汗的所作所為——蘇聯解體之後，美國就一走了之，完全沒有兌現要支持他們的承諾。將近二十五年的動亂和戰爭所帶來的苦痛和折磨，開啟了我們與這些男人的對話。

在每一輪給予他們同理心的對話中，我們都可以清楚看見同理心產生的神奇力量。當我們說中發言者的感受和需要時，他們就會靜默不語、目光低垂，然後房內其他席地而坐、約莫二十五位男性也會紛紛低聲表示贊同。發言者眼周的肌肉會放鬆下來、下顎的線條會變得柔和，眼裡還會浮現一抹淚光。接下來的十到二十秒之間，他們都會靜默的沉思，不會有任何眼神的交流。我們覺得，同理心就像是在我們和他們之間建立了一條實體的連結。光是在頭兩天，我們就進行了數十輪這樣的對話。

了解「需要」是全人類的共同語言

在這個過程中，我們再次認識到「需要」是無所不在的，而且它們是所有人類共通擁有的一部分，就算我們說著不同的語言，需要透過臨時口譯把那些需要從英文翻譯成烏都語和帕施圖語，有時候還要翻譯成烏茲別克語、塔吉克語、土庫曼語或帕西語。表面上看起來，我們似乎因為穿著不同的衣服、有著不同的人生經歷、身處在不同的文化、教育和環境裡而有所隔閡，但就本質來看，我們都有著相同的感受和需要；在這些不同的背後，我看見了我們其實並沒有什麼不同。這些男人就跟我一樣，他們都想要盡一己之力讓家人和大家過上好日子，他們都想要有個安穩的生活，同時他們也會因為無法滿足這些需要而感到痛苦。他們希望自己的孩子能夠接受教育，他們希望那些承諾能夠兌現，他們希望自己所處的世界能夠回歸正軌，回到那個大家能夠各司其職的狀態：醫生就做醫生、工程師就做工程師、老闆就做老闆，而不是大家都在做苦力。

到了課程的最後一天，適逢星期五，這一天是伊斯蘭教徒每週一次的聚禮日，營裡的一位男性邀請我們在當天下午和他一起到清真寺做禮拜。但是他向我們提出邀約後，另一名男性立刻表示反對，說我們不能去清真寺，因為我們不是伊斯蘭教徒。約翰·凱淵抓住了這個機會，打算以此示範衝突化解的技巧；因為在此之前，我們一直在尋找一個「真實」的衝突當作範例。坦白說，當下我對於這個示範有點不安，因為我們本身的身分就跟出現在伊斯蘭教禮拜儀式的非教徒一樣敏感，不過我們還是決定放手一試，因為這就是此刻在這個群體中真實上演的衝突。

於是，這個清真寺邀約成為化解衝突的範例。在適度的引導之下，我們讓雙方都看見了自己的需要。那些想邀請我們去清真寺做禮拜的人需要理解、連結和教育；那些反對者則是需要大家尊重及理解這個世界的信仰——他們的宗教。雙方都將各自的需要反映給對方，然後約翰提出了這個問題：「現場有哪一位沒有這些需要嗎？」房裡響起了一陣竊竊私語，我們可以感覺到室內蔓延著一股驀然頓悟的欣喜。沒錯，這似乎就是他們的回應：我們看見了我們都有相同的需要，而且我們都能夠尊重自己和他人的這些需要。

有了這層認知之後，我們很快就集思廣益，擬定了滿足這些需要的具體策略。現在回想起來，我們的解決方案似乎沒什麼特別的，就跟所有將心比心的人會做的事情一樣。大家都同意房內沒有受過伊斯蘭教薰陶的西方人，在參加聚禮日前需要先聽十五到二十分鐘的解說，以了解儀式的流程，才能坐在清真寺的門外觀禮。等到星期五下午的祝禱儀式結束後，他們就會邀請我們進入清真寺。是的，我們就以這樣的方式——在我們和他們之間、他們和我們之間，還有每一個人之間建立連結——化解了我們的衝突。這次的經驗帶給我和約翰很大的感動，它讓我看見了這個世界仍有無窮的希望。

在這門課程最後一堂課的尾聲，有一位長者有感而發的對我們說：「如果我們能做到非暴力溝通，就不會再有戰爭了。」

溝通方式④　開始提出請求

一旦你懂得自我表達和給予他人同理心，就可以快速地提出請求。請求有兩種形式，第一種請求是聚焦於行動的「行動請求」（action request），也就是單純地請求對方採取你希望的行動。雖然聽起來很容易，但實際執行之後往往會發現它相當困難。

訴諸於「行動」的請求

在九一一攻擊事件之後，我（茱迪絲）和艾克想要寫一封信給美國總統，表達我們的感受和需要，並提出我們希望他採取的程序。但提筆後才發現，我們可以非常輕鬆地列出一大串我們不希望他做的事，卻花了好幾天的時間，才終於想出並寫下我們「希望他做的事」。我們寫道，我們希望他以警政司法的模式來處理這個事件，不要訴諸軍事。

當時的艾克已經會運用非暴力溝通來處理他負責調解的法律事務，而彼時的我則是想運用這門溝通技巧，來輔助我的瑜伽教學。我希望利用非暴力溝通，幫助我向學員提出明確的請求。就某種意義來說，每一次我對我的學員說「做出三角伸展式的動作」之類的指示時，都是在對他們提出請求。可是我不能「強迫」我的學員做出這個姿勢，我只能「請」他們做出這個姿勢。所以問題來了，我該如何「請」他們做出這個姿勢？我說話的方式會讓他們比較容易接受我的請求嗎？或者，他們會把我說的話當成是一種要求？如果我的話變成了一種要求，我和學生之間就會產生隔閡。與此相對，假如我是向他們提出一個真誠的請求，那麼我不僅會以開放的心態斟酌我的措辭，也會以開放的心態面對他們的反應。

當我提出的是請求而不是要求時，我的話語能表達出我對學員和自己的深沉敬意。如果我能以尊重、開放的態度去看待請求的結果，我就能在我和學員之間建立起連結——這正是我想要的：人與人之間的連結和關愛。只要我能分清楚自己提出的是「要求」還是「請求」，我就能開始創造這種連結。

然而，辨別我所提出的是請求或要求，並不是由聆聽我說的話後，對方所產生的感受來決定，而是由我自己的感受來決定——當別人拒絕我時，我的內心會因為請求和要求產生不同的感受。如果我提出的是請求，我只會再換個方式提問，試著找出該名學員不願意配合我的原因；萬一我提出的請求其實是要求，那麼我的心裡往往就會因為「學生應該照我的要求去做」，而產生一些感受。

身為一名瑜伽老師，我在接觸非暴力溝通之前，有時會對課堂上沒按照我要求做出動作的學員感到氣惱，但我一直不曉得自己為什麼會有這種感受。比如，我會請學員試著做出「手倒立」（*Urdhva Mukha Vrksasana*）的動作，但她可能會對此感到猶豫。此時我是該要求她？還是該請求她？我該怎樣提出請求，才能讓這位學生願意嘗試手倒立這個體式？

假如我能提出一個真誠的請求，那麼這件事就有可能成真。秉持這份意圖，我藉由提醒自己和學員「我們都有選擇的權利」這個重要的觀念，與他們展開了溝通。這是一種效果非常好的溝通方式，其中有一部分的原因是它十分精準地反映了現況。我透過詢問他們：「你願意……嗎？」清楚表達出我只想讓大家做他們自己願意做的事。一方面，萬一他們是出於義務接受了我的請求，就算他們做出了我想要的動作，我們也都會為此「付出代價」，雙方都無法從中得到滿足。另一方面，如果對方是出於個人的意願回應了我的請求，那麼我們之間就會建立起能夠滿足彼此需求的連結。從「服務」一詞的意義來看，實現這類請求幾乎也成了某種形式的服務。

聚焦於「過程」的請求

第二種請求是聚焦於過程的「過程請求」（process request）。這一類的請求會向對方提出以下問題的其中一個，分別是「你可以告訴我，你剛才聽到我說了些什麼嗎？」或者「聽到我剛才說的話，你有什麼感受？」

我們發現，這兩個問題對溝通都很有幫助。第一個問題「你可以告訴我，你剛才聽到我說了些什麼嗎？」是要向對方確認，他有如實接收到你想傳達的信息，包括你的觀察、感受和需要。這個過程有時候就像是小孩子在玩的傳話遊戲——幾個孩子會圍成一圈，一個接一個地把上一個人告訴他的話，悄聲說給下一個人聽，就這樣一路把話傳到最後一個孩子那裡後，再由他大聲說出他聽到的那句話。這個遊戲相當有趣，因為最後一個孩子說出的話，都會和第一個孩子說的話相差甚遠。

成年人之間的交流也會發生這種情況。你或許認為你已經說得很清楚了，但對方聽到的可能不是你所說的或是想要說的。請與你的朋友或同理心夥伴確認這件事，試著說出你聽到了什麼，或是詢問他聽到你說了些什麼，直到你們都有正確接受到彼此想傳達的信息為止。

在進行這個「請對方告訴你，他們聽到了些什麼」的舉動時，也會滿足你想要掌握情況和建立連結的需要。不過，在問這個問題的時候一定要讓對方知道，你不是在藉此考驗他們的能力。所以在聽完他們的回覆後，你可以對他們說一些能夠表達「謝意」的話，例如「謝謝你告訴我，你聽到了些什麼」。**不管對方回覆了你什麼樣的內容，我們都建議你對他們表示感謝，因為他們已經回答了問題，讓你知道「他們聽到了些什麼」**。如果他們聽到了有別於你想表達的東西，你就可以再一次試著向對方表達你想傳達的東西。等到你確定對方有接收到你想傳達的信息，就可以繼續和他們溝通，並再一次向他們提出這種請求，或是另一種請求。

如果你覺得對方還是沒有聽到你想說的，就請繼續嘗試讓他聽到你想說的，但要把原本要說的事拆解成幾個小項，逐項向他說明。你或許可以這麼跟他說：「我希望你能聽到一些不一樣的東西，所以請容我換個方式來跟你說明。」若可以，也請你用更精簡的文字來表達你的意念，然後再一次請他們告訴你，他們聽到了些什麼。萬一他們對此的反應依然不好，就請你開始做自我同理和同理他人的練習。或許他們無法聽到你想說的話，是因為他們仍處在需要被別人同理的狀態。一旦確認了你想說的話有被聽見，或許就會想要讓你們之間的對話更進一步。

至於過程請求的第二個問題「聽到我剛才說的話，你有什麼感受？」簡單來說，就是想要確認聽者的需要是否有得到滿足。說不定，對方會認為你剛才說的話資訊量過大，因而產生了不知所措或摸不著頭緒的感受。最容易造成溝通破局的情況就是：對方對你說的話感到氣惱，但你卻沒意識到這件事。再者，在進行「請對方告訴你他的感受」時，也是在幫助對方與內在自我建立連結。沒錯，你的話語不但會激發他人的自我覺察，還會讓你們在那個當下建立起連結——這就是靈性對話的精髓。

對話練習

練習自我同理

- 找一個安靜的地方，回想過去一週你不喜歡的某段互動。現在用一句簡短的話寫下你對自我的同理。從客觀陳述狀況開始，再寫下自己的感受，並猜測當時所說的或所做的什麼事沒有滿足需要。如果很難一下子就推敲出自己的感受或需要，可以先放下紙筆，讓自己沉澱一天，待隔天再重新檢視這個部分。請持續進行這項練習，直到你感受到自己在接收了他人給予的同理心，甚至是我們給予自己的同理心之後，體內所產生的那股變化。
- 下次有人觸發你體內的某種反應時，請向對方說聲：「不好意思，請稍等我五分鐘。」然後走進另一個房間給予自己同理心，直到你對對方發生的事情興起了好奇心後再離開房間，接著繼續與對方對話。（如果你沒有興起好奇心，就表示你需要做更多的自我同理。請持續對自己的感受和需要給予同理心，直到你開始關心對方的狀態。）

練習自我表達

- 告訴身邊的人（也許是你的同理心夥伴），你正在嘗試一種新的溝通方式，然後請他們先聽聽你用舊的溝通方式述說某一件事，再聽聽你用新學到的非暴力溝通表達同一件事。請記住這個句型：「當我聽到你這麼說時，我感到——，因為我需要——。你願意——嗎？」請每天至少進行一次這樣的練習，直到你對新的表達方式越來越熟悉、越來越運用自如。
- 在打電話到技術支援中心或客服中心時，很適合運用自我表達。以第二章提到的「輔助輪」句型為基礎，聆聽在這種情況下，它能發揮怎樣的效果。我（茱迪絲）在學習把非暴力溝通融入生活的過程中，都會這樣善用致電客服的機會。第一次這樣做時，會覺得自己有點傻，但我不僅得到了優質的服務，還在十分鐘內就得到該名客服的回電，說已經處理好我的問題——原先她說解決我的問題要花上一週的作業時間。從同理他人做起，比方說，你可以用這樣的句子開啟對話：「你好，我想你今天大概非常忙碌，但我很希望你能明白，這對我來說是重要的事。」

四種溝通方式

我以何者為重？	無聲的溝通	有聲的溝通
自己	**使用溝通方式① 自我同理** 對自己說出對當下的客觀觀察，以及有著什麼樣的感受、需要和請求。	**使用溝通方式② 自我表達** 在不帶任何指責、批評和要求色彩的情況下，說出當下的感受、需要和請求。

對方	**使用溝通方式③默默同理他人** 猜測對方看到和感受到了些什麼，又有著什麼樣的需要和請求。	**使用溝通方式③給予同理心** 在不帶任何指責、批評和要求色彩的情況下，猜測對方有著什麼樣的感受和需要，又可能提出什麼樣的請求。
對方		**使用溝通方式④提出請求** 提出「行動請求」或「過程請求」，尋求對方的反饋。

運用溝通方式④所提出的兩種請求

行動請求	滿足每一個人的需要的策略：「你願意……嗎？」
過程請求	以「反映」（reflection）為重：「你可以告訴我，你聽到我說了些什麼嗎？」 以「反應」（response）為重：「聽到我說的話，你有什麼感受？」

給予同理心

- 下次你在機場或商店櫃檯前排隊等候服務時，請以充滿同理心的話語開啟與櫃檯人員之間的對話。比如你可以這樣說：「今天的人潮是否讓你感到忙不過來？」或是「看來你今天真的很忙，而且服務了很多不開心的客人。」並注意對方會作何反應。
- 今天，假設有人向你抱怨政府、天氣或他最喜歡的運動隊伍時，請不要附和他的話，而是對他的話給予同理心。你可以這樣說：「你這麼說，是想讓我聽到你對——（說出那個人的名字）在那個問題上所做的事，有多麼不開心嗎？」請持續給予對方同理心，直到這個人開始轉變，並感覺到你們之間建立起某種連結。你可能需要用這樣的方式與他來回對話好幾次，才有辦法讓他感覺到自己的心聲有被聽見。或者，你也可以這樣說：「聽起來，他的舉止並沒有滿足你對正直和關愛的需要。」觀察對方會如何產生轉變，並感受你們之間的連結會變得多麼緊密。

提出請求

- 今天只要你想從某個人那裡得到什麼東西，就以這樣的方式對那個人提出請求：「你願意……嗎？」一定要具體說明你希望他做些什麼。例如：「你願意在下午六點之前整理好床鋪、掛好衣服嗎？我們的客人會在那時候來訪。」
- 下次開會時，觀察大家如何對其他人提出「不明確」的請求。他們常會說出這樣的話，像是「好，我們就這樣做吧」或「這聽起來是個好主意」，但他們不會請特定的人在特定的時間，採取特定的行動。

第四章

傾聽自己和他人

堅信自己都是對的，也許正是人類最駭人的狀態。

——荷裔南非作家　勞倫斯・凡・德・普司特（Laurens van der Post）

我（茱迪絲）剛開始參加馬歇爾・盧森堡的研討課時，曾因為他在課堂上說的某句話湧現怒意。當時他說：「永遠不要去做讓自己感到無趣的事情，你做的事情至少要能讓你感受到，如同三歲孩子在餵食飢餓鴨子的樂趣。」雖然我很喜歡這句話所呈現出的生動畫面，但我立刻就因它湧現了情緒化的反應，我對自己說：「如果這樣做，我的下半輩子就毀了。我們就是必須去做自己不想做的事，才不會讓人生分崩離析。」

我一察覺到自己對他的話所產生的反應後，就立刻針對那些反應同理了自己，不過，之後有好幾年的時間，我發現自己都無法接受他說的那番話。過去的我在這方面有一些根深蒂固的信念或看法，比如「只做自己想做的事，是放縱又自私的行為」。其實我並不喜歡對自己說這樣的話，也不喜歡用這套標準來評判自己。當時的我就像是被困在滿是鏡子的廳堂，不斷為了批判自己而批判。

這樣永無止境的自我批判，是許多人內心的寫照。**我們在與自己對話時，可以充滿慈悲，也可以充滿批判，但不論選擇用哪一種方式與自己對話，都會對我們的人生造成極大的影響**。因為我（內心）的話語反映了我的想法，我的想法反映了我的信念，而我的信念（尤其是那些潛意識的信念）主宰了我的人生。

就在我懂得針對信念去同理自己的時候，我也開始懂得用具體的行動去修習「不說謊」和「正語」。如今，我與自己對話的方式受非暴力溝通的影響甚深，但顯然的，我並不是從小就以這種方式傾聽自己的內心話。

否定自我需要，會產生更多怨氣

我在成長的過程中，從家人、文化和教會那裡「聽到了」很多信息，這些信息都告訴我「我必須否決自己的需要」。我不是說他們教了我這些，而是我從他們身上聽到了這些。我從小學到的就是這麼做是正確的、是無私的，是上帝子民應有的修為。因此，我學會了用策略去滿足我的需要，卻從未去了解我「真正的」需要是什麼。事實上，我還刻意隱藏了我自己的需要，以免被人貼上「長不大」或難搞的標籤。

我認為不只有我是這樣長大的，我想應該有不少女性都跟我有著類似的成長經驗：從小就被訓練成一個「顧及每一個人的需要，但否認自己的需要」的人。過去，我的座右銘就是「我為服務而生」。馬歇爾・盧森堡談到這個議題的時候，說了句有點令人生氣卻帶著善意的話，他說：「女性沒有需要。」當然，他會說出這麼荒謬的話，純粹是為了吸引我們關注這個議題。遺憾的是，對我來說，這句話實在是太真實了，或者說太貼近我當時的人生寫照。

請記住，**承認我們的需要並不會讓自己成為一個難搞的人**。人類的所有需要都是在展現生命能量於體內流動的狀態，它們就是讓我們與生命力搭上線的管道。當我們能夠意識到自己和他人的需要，並渴望滿足這些需要時，就是在對神聖的生命表達敬意。

根據我過往的見聞來看，以「否決自我需要」的方式過生活會產生一個問題，就是它會創造出一個「以暴力對待自我」的條件。這種暴力不只會傷害到自己，也可能傷害到他人。假如我一直用這種粗暴的方式對待自己或他人，我就沒有對世界的平和做出貢獻，創造出一個我想要的生活環境；我就沒有遵照我最重視的價值觀生活，落實不說謊或正語的精神。

倘若我為你做某件事，是因為我認為「我應該這麼做」、「這麼做才明智」或「這樣我才會是一個好人」，那麼這些付出一定都會留下餘毒。通常這抹餘毒就是怨氣，怨氣不僅會毒害人與人之間的關係，也會消磨生活的樂趣。矛盾的是，最後我一定會把這股怨氣發洩在你身上，因為我的需要沒有得到滿足，所以我會用迂迴的方式怪罪於你。

那個時候，為了更了解自身的需要，我開始一天數次的檢視自己，看看當下的我恰好需要些什麼，然後再給予自我同理。不過在這個過程中，我發現了一件有趣的事，那就是我總是能猜到自己有什麼感受，卻很難猜到自己有什麼需要。艾克則恰恰相反，他總是知道自己有什麼需要，卻似乎不太知道自己有什麼感受。後來艾克告訴我，他在那個人生階段裡，就只有兩種感受：不錯和憤怒。

我開始觀察到，我之所會去做某些事，很多時候不是因為它們能滿足我的需要，而是因為我害怕拒絕去做它們之後會招來對方的批判。舉例來說，艾克會邀我一起去看電影，就算我不想去，我還是會答應他；但等到我們去看了電影，我又會一直發牢騷，讓彼此都很難享受那段時光。另一方面，如果我拒絕了他的電影邀約，我又會為此感到罪惡，並在接下來的幾天都對他「好過了頭」。當時的我就是這樣，不停在「充滿怨氣」和「過度和氣」之間來回擺盪，而且當時的我也以為婚姻關係就是這樣。

協助評鑑自我需要的「鴨鴨指數」

由於我個人不太能意識到自己的需要，我知道我需要擬定一個具體策略來幫助自己學習和做到這件事，因此我創建了「鴨鴨指數」（duck index）。我喜愛這樣的畫面：一個興高采烈的小朋友，一邊尖叫、一邊沿著湖畔跑，不停將手中不新鮮的麵包撕成小片，扔向岸邊的一群鴨子。每每想到這個畫面，我的嘴角都會忍不住上揚。

所謂的「鴨鴨指數」是以一到十分來表示。我決定，如果我的指數沒有達到六分，我就不會去做任何事情，只會靜觀其變。這個鴨鴨指數對於我來說，能幫助自我養成「了解和相信需要」的習慣。後來艾克又邀請我去看一部我不想看的電影；我先是在心中檢視自己的需要，然後跟他說：「我的鴨鴨指數是三分。」但我的話還沒說完，緊接著我又對他說：「可是你可以用你的需要，讓我把分數往上加。」

換句話說，我們不想做別人請我們去做的事，或那件事無法在鴨鴨指數上得到高分，並不表示這件事就沒有了談判的空間——我們還是可以做出一些改變。**改變不等**

於屈服，對所有的請求都來者不拒才叫做屈服；改變是傾聽對方的需要，再做出能滿足彼此需要的決定。

所以當我說出「你可以用你的需要讓我把分數往上加」這句話時，表示我認同這個概念；我是在告訴艾克，我願意做出改變，讓他和我的需要同時得到滿足。馬歇爾．盧森堡主張：「滿足我的需要固然是首要之務，但我絕不能以此犧牲你的需要。」改變就是一個「試圖滿足雙方需要」的過程。

別忘了「策略」和「需要」的區別。策略是滿足需要的方法，引爆衝突的永遠不會是需要，都是策略。不論在什麼時候，你都可以用許多種策略去滿足任何一個特定的需要。但如果我們執著於只能用某種策略去滿足某個需要，一旦那個策略無法奏效，我們就會覺得很難受。

在前文的例子中，看電影並不是一個需要，它只是滿足需要的一種策略。當我問艾克他邀請我一起去看電影是想要滿足什麼樣的需要時，他說，他想要找點樂子和相互陪伴。聽到他的那些需要後，我的鴨鴨指數立刻就從三分提升到五分，同時我感覺到我的體內也產生了一些實際的轉變。不過，就在我們來回分享和同理彼此的需要數次之後，我的分數還是停滯在五分，所以我並不打算「強迫」自己去看電影。於是我們轉而去討論另一種能滿足需要的策略，整個過程大概花了十分鐘，但這段時間花得很值得，因為最終我們還是在那個夜晚共度了歡樂的時光。

別擔心自己的需要會成為別人的負擔

那麼換一種情況，假如我因為當下的鴨鴨指數有達到八分，所以答應了對方的請求，但到了兌現請求的時刻，我的分數卻降到了四分，又該怎麼辦呢？我們多多少少都會碰到這種情況。譬如，星期一的時候，我對星期五要跟朋友聚會這件事給出的分數有八分，但歷經了漫長的一週後，星期五到了，我很累而且當天又是個下雨天，此時我似乎只能對這件事給出四分。在這種情況下，我該如何同時兼顧「我需要休息」和「朋友需要陪伴」的需要呢？

首先，你一定要先同理此刻對接下來的計畫失去興致的自己。也就是說，要推敲現在你有什麼樣的感受和需要。待你覺得完成了這個步驟、充分了解了自己的需要後，就可以把你此刻的需要和先前你答應對方時的需要連貫在一起，並再一次同理自己。當這一切都完成後，請在心中默默同理你的朋友，推測「她邀請你參加聚會，可能是想滿足什麼樣的需要」。

最後一步，就是要打電話給你的朋友，向她表達你的需要，讓她知道你的真實狀況。你可能會這麼說：「我星期一說會參加聚會時，是真的很期待，但現在我非常需要休息。妳是否能告訴我妳的感受？」她在告訴你她的感受時，不管是否與你先前的推測相符（或許是難過或失望），都請給予她同理心。等到你用同理心牽起了彼此間的連結，就可以問她：「妳願意花五分鐘，和我一起想其他的策略，讓妳需要陪伴和我需要休息（假如你們的需要是這些）的需要，都能得到滿足嗎？」

在此有一個關鍵，就是：請以「開放」的態度去看待你們的溝通結果。你們之間有許多的可能性，說不定她完全不介意你無法參加；說不定在與她交談、推敲出她的需要後，你願意改變心意、如期赴約；說不定你們都願意明天再一起聚會；又說不定你會先小睡一下，然後再出席聚會。重點就是，你們會透過這段過程，讓雙方的需要都得到滿足。

聽起來，要做到這些步驟似乎需要花上一些時間？確實是如此。但就長遠來看，如果你不願意花時間去完成這段過程、了解你和朋友的需要，之後又要花多少時間去修補彼此間受損的關係呢？

許多人不願意表達自己的需要，是因為他們認為「需要」會成為別人的負擔。這種想法會造成兩種後果。其一，你會斷了其他人滿足你需要的機會。想想小嬰兒在表達自身需要這一塊，從來不會有所遲疑，而且他們多半會非常即時又強烈地表達。反觀身為成年人的我們，經常會隱藏自身的需要，因為覺得它們不值得被滿足。然而你要記得，即便他人不見得願意滿足我們的需要，但我們仍要喜歡自己選擇該想法時，所表現出來的舉止。

其二，你會把「請求」和「要求」混為一談。區分清楚請求和要求之間的差異，對表達自身需要可能很有幫助。提出一個滿足你需要或任何事情的「要求」，是一段不給對方選擇權的過程。**「要求」意味著你對結果已經有了定論，認為對方不按照你的要求去做就會產生不好的後果；「請求」**則意味著你願意以開放的態度，去看待這段溝通可能產生的各種結果。

除了建議你要勇於表達自身的需要，我們還想建議你剛開始運用鴨鴨指數時，最好先用它處理一些簡單的日常決定。如果你一開始就用鴨鴨指數來處理人生中的重大挑戰，它可能無法發揮很好的效果。

善用「請」和「謝謝」

另一種傾聽自我內心聲音的全新方法，就是把別人對你說的任何話都當作是一種請求。具體來說，就是把任何人對你說的一切，都轉譯成是用「請」或「謝謝」所表達的句子。這是我（茱迪絲）最喜歡的技巧之一。

以下是一個具體的操作示範。有一天，我在紅燈停車時，不小心把車停得離斑馬線有點近，一名正在過馬路的男人對我大吼，說我是個愚蠢的駕駛。我通常都會把這類事情放在心上，而且還會覺得自己的行為很糟糕，不斷地在心中批評自己。然而其他人碰到這種情況時，或許反倒會覺得這個男人的作為非常愚蠢或魯莽。

那一天，我剛學到這項技巧沒多久，就決定試著把他的話轉譯成一種用「請」來表達的句子。因此我對自己說，如果他這樣對我說：「請了解我的害怕，畢竟妳差點撞到我或傷害我。」當我把「愚蠢的駕駛」轉譯成「請了解我的害怕」後，我就感受到我對他和對我自己，都興起了一股關愛之情。我真的很喜歡這種解讀帶來的感覺；我和他都一樣，我們都是凡人，我們都只能盡可能展現出自己最好的狀態。這麼一想，我就不生他的氣了，也不再生自己的氣。這一天對我來說真是別具意義。

還有一個例子，是女兒青春期時我與她的一場對話。當時她請我去接她下課，並在我答應她後又補了一句：「媽，請不要做出傻瓜般的舉動。」我可以選擇對她的話感到受傷，或是糾正她的「無禮」，但當下我選擇把她的話轉譯成了以下的話語：「媽，請了解我有多在意朋友的眼光，我很怕他們會議論我，我不想給他們任何借題發揮的機會。所以請幫我一個忙，不要做出任何會吸引大眾目光的突兀舉動。」不論當時她的感受和需要是否真如這段話所言，我都很喜歡自己決定用這樣的方式去解讀她的話之後，其所帶給我的轉變——變得比較能從關愛的角度去看待任何事情。

美國心理學之父威廉・詹姆斯（William James）曾說：「對抗壓力最強大的武器，就是擁有選擇想法的能力。」當我們選擇把別人的話聽成「請了解我的痛苦」，就有了設法將彼此連結起來的機會。這項憑著自身意念去選擇要對外在事物做何反應的能力，正是使說話變成一種靈修的方法。

「謝謝」是另一個常隱身在日常對話中的話語。當他們說「這堂瑜伽課太棒了」或「這頓飯我吃得很享受，太好吃了」時，就是在對你說「謝謝」。每次我聽到別人說我很好，或某件事做得不錯時，都會感到有點不自在。因為我知道，凡事總是有好有壞，所以我有好的時候，就有可能會有壞的時候。也就是說，好與壞和對與錯是一體兩面的，我不見得能永久處在好或對的那一面；說不定我會無法再做到我做過的事，說不定我會無法持續走在對的路上——這樣的想法令我不安。

但現在，我不再把他們的話當作是在讚揚我，而是把這些話當作是他們提出的請求。我會把他們的話轉譯成：「請了解我在這堂課（或這份餐點）中，得到多大的滿足。」用「謝謝你滿足我的需要」來解讀這些話的當下，我也會同步強化自己，深化「我並不是其他人的快樂泉源」想法。

事實上，他們能感到滿足是因為他們的需要被滿足了，而不是因為我做了什麼好或對的事情。再者，把他們的話當作是對我提出的請求，亦可以讓我更簡單和清楚了解到，他們的需要已經得到滿足，如此一來，在這場交流之舞中，我就只是其中的一員而非領舞者，我喜歡用這樣的方式與其他人共舞。

對話練習

協助評鑑自我需要的「鴨鴨指數」

- 向你的家人或室友說明鴨鴨指數，並開始用生活中的各種小事來練習它，例如，晚餐想吃什麼，或想什麼時候和他們一起去採買。如果發現自己處理生活中各種決定的能力提升了，請好好慶祝。
- 下一次如果有人請你幫忙，但那件事在你的鴨鴨指數上得分不高時，請跟對方說：「這件事在我的鴨鴨指數上得分不高，可是你可以用你的需要讓我把分數往上加。」讓自己保有改變的可能性。不過，那件事一定要達到你的理想分數，你才可以答應對方。

善用「請」和「謝謝」

- 留意今天大家有多常對你說「謝謝」。然後在某次某人跟你說了謝謝之後，請對方明確地告訴你，是因為什麼話或做了什麼事，以至於讓他們想對你說聲「謝謝」。
- 想一想最近幾天，你對親近的人說過的一些氣話，例如「為什麼你老是遲到？」接著，把你的這句氣話轉譯成用「請」表達的句子。如果可以，請回到對方的身邊並對他說：「那天我真正想說的是『請了解我的害怕，畢竟你沒在我們約定的時間回家，也沒有打電話跟我報平安』。我很難過，因為我很在乎你，也很擔心你的人身安全，我想讓你知道這一點。」同時，請注意他們的反應。

第五章

我們說的話很重要

「與真實的人建立真實的連結」是人類的療癒之道。

——**奧地利與以色列猶太哲學家　馬丁・布伯（Martin Buber）**

多年前，我（茱迪絲）曾與本名為烏夏部・艾瑞亞（Usharbudh Arya）的印度心靈導師斯瓦米・韋達（Swami Veda Bharati）談過話，他不僅自小修習瑜伽，在梵語和印度古文等方面也有極高的造詣。我請教他：「瑜伽持戒中的不傷害和不說謊，哪一個比較重要？」我想知道自己在修習這些持戒時，該如何排列它們的優先順序：我應該跟某人說可能會傷害到他們的實話，還是應該告訴他們某些「善意的謊言」，以避免傷害到他們？

韋達法師的回答完全出乎我的意料。他說：「誠實和不友善不可能同時並存。」至今我在運用非暴力溝通實踐不說謊和正語時，耳中仍會迴盪著他的這句話。我和艾克都曾認為「誠實」和「不傷害」之間似乎存在著某種衝突，但在韋達法師充滿智慧的提點之後，我倆都悟出了貫徹這兩個重要說話方針的方法。

首先，我們認為說話是一股可為我們所用，且能夠增進人際連結的「強大力量」。不過，要做到這一點必須先與自己建立連結，而這種把目光轉往自己、與內心真實的自我建立連結的能力，正是靈性對話的核心所在。在沒有這份自我覺察的條件下，你大概很難說出你真正想說的話。

其次，我們認為「事實」就是此時此刻我所感所想的東西。我只能說出我當下的所感所想，所以那些話都是我的真心話。這不僅是我唯一能做的事，也是我與其他人建立連結的最好方法。當我說的話都是出自於自己當下的所感所想，我就是個心口如一的人；當我以這樣的方式說話，我就是個以身作則，並鼓勵其他人做出相同作為的人。

實踐這樣的作為會改變整個世界，同時也會改變你的生活，並對其他人帶來深遠且顯著的影響。如果你能運用你的話語創造出一股相互信任和連結的氛圍，那麼幾乎所有人與人之間的問題都能迎刃而解。畢竟在待人之道上，還有什麼事比「真誠相待」更為重要。

我曾在馬歇爾．盧森堡的某堂研討課上，聽到他解釋何謂「靈性對話」，他說：「對話者會尊重世上的每個人都享有尊嚴和自由，並以不傷害彼此生活、情誼或文化的方式相互溝通。」這就是實踐靈性對話的最高原則——我和艾克都很認同這份理念。「我們說的話很重要」不僅僅是因為話語會立即改變我們此刻的關係，也是因為它會成為我們留給後輩的一部分遺產，對未來人類的相處之道有著極為深遠的影響。

「憤怒」的真實樣貌

大多數人在日常生活中都很常感受到憤怒，或是說出夾雜著怒意的話語。某一天，我決定算算自己一天會感受到多少次的挫敗、氣惱或憤怒，於是我買了一個小巧的手持式計數器，每當心中因這些感受出現任何一絲漣漪時，就按一下計數器。沒想到那天結束的時候，我被計數器上的數字嚇了一大跳：六十七。

或許這不是一個具代表性的數值，但考慮到現在時不時就會發生在周遭的路怒症和暴力事件，或許它還是具有一定的參考價值。誠如馬歇爾．盧森堡所說，在生活中感受到的憤怒、羞愧、內疚和抑鬱等，都是我們在評判這個世界應該如何運作時，所產生的同一類特殊感受。

若仔細去檢視自身的感受就會發現，舉凡是喜悅、連結或失望之類的感受，它們都是很直接地表達出你內心的感受；然而，憤怒就不一樣了，在它之下一定都隱藏著其他的感受，**而這些隱藏在憤怒之下的感受，往往離不開受傷、恐懼或挫敗。**

我和艾克在聽到這些話的時候，都感到很難受。艾克表示，他剛開始學習非暴力溝通時，只感受得到兩種感受，或者說他只辨認得出他的兩種感受，那就是「不錯」和「憤怒」。我則依稀記得在上冥想課的時候，第一次在老師的指引下，體悟到自己內心承載了多少憤怒的過程。她要我們做的事情很簡單，就是靜坐在墊子上，讓自己與心中浮現的感受共存。沒錯，就是這樣，完全不需要任何技巧。

另外，她還提到，剛開始修習冥想的學生，在頭幾年的絕大多數時間裡，通常都會在坐墊上意識到自己有多麼憤怒。

信不信由你，但當下她這番寓意深遠的提醒，讓我有點惱怒（真是諷刺）。後來我開始持續不斷的修習冥想，也漸漸了解到她說的話有多麼正確。我感受到的怒火，通常不會是全面燃燒的大火，而是火光點點的「小火」，它們是因我生活中的各種小挫敗、惱怒，或一切我希望有所不同的事情而起的，比如：我希望我的背不會痛；我希望我清晨六點半要冥想的時候，鄰居不會修剪草坪；我希望我不會對鄰居感到不爽。有時候，這種不爽（甚至是憤怒）的感受會一直揮散不去，讓我覺得它似乎會糾纏我一輩子。

如何處理憤怒？

給自己一點時間，靜下心好好回想，最近你曾經對哪件事感到憤怒，然後仔細檢視你當時的感受。**請善用自我同理，推敲出自己在憤怒的當下，心中其實有著什麼樣的感受。**你很可能會發現那股憤怒是源自受傷、挫敗或恐懼；換句話說，相較於憤怒，這三種情緒或許更能準確表達出你當時的感受。

一旦你發現當時的自己其實有著什麼樣的感受之後，你就會產生轉變。誠如前文所述，這種轉變不單只是一種認知上的覺醒，還會伴隨著一種身體感官上的反應。對我來說，這種轉變就是：我找到了自己真實狀態的一種認證。

有一天，我決定親身測試這個理論。我開始回想那天點燃我內心怒火的某件事情，並利用自我同理的技巧與內在的自我搭上線。我立刻就注意到，我在腦袋裡一遍又一遍地告訴自己：「他憑什麼對我說那些話？他以為他是誰？」

接著，我刻意把注意力集中在內心的感覺上，試著去揣測心裡真正的感受是什麼？

突然之間，我覺得自己找到答案了；因為回想那個人曾對我說的話時，我發現我其實不是感到生氣，而是感到受傷。於是，我再次回想了那個人曾對我說的話，然後專注於自己的內心，立刻又感受到心中燃起一股怒意。我反覆進行這樣的步驟，藉此一次又一次梳理自己對這件事的感受和看法，直到做到第四次或第五次的時候，我臉上緩緩綻開一抹微笑。我終於明白了。點燃那股怒火的，其實是我對那個情況的想法和評判，生氣只是我用來隱藏受傷情緒的一種策略；我的憤怒是在保護自己不要受到傷害，我把它當成我的工具，為我築起了一道防護牆。

某日，我和艾克一起去參加一堂研討課。我們一步入上課的大講堂時，我就注意到廳堂的對角，坐著一個我會用「憤怒男」來暱稱他的男子。當主講人請大家不要和同行的人坐在一起的時候，我筆直地走到了另一個盡可能遠離那名男子的位置坐下。接下來的發展或許你已經猜到了：他朝我這裡走來，在我身邊坐下，最後我們成了那堂研討課的搭檔，一起做了許多練習。令人啼笑皆非的是，這恰好應驗了「物以類聚」這句話；如果我們生活在憤怒之中，就會吸引到同樣處於這種狀態的其他人。不僅如此，只要我們身上帶著沒有化解的怒氣，多半都會在不自覺的情況下，梭巡著與自己一樣帶有怒氣的人。就像我在那堂研討課上做的事情一樣——我們永遠都會找到一個那樣的人。

你上一次對人發怒是在什麼時候？憤怒無法讓我們與自己和他人建立連結，憤怒不是一個可以讓我們與他人有效溝通的理想工具。

下一次當你發現自己對某人感到憤怒時，請花一點時間同理自己，直到你辨認出，自己的憤怒是因為正在對自我說著什麼樣的話所致，然後根據你對自己說的那些話，釐清你想要得到滿足的需要是什麼。倘若你能先照顧好自己的需要，就比較能心平氣和地回應對方的話。

義憤填膺和社會變革

大部分的人對「義憤填膺」（righteous anger）一詞都不陌生，它指的是符合社會價值或「正當理由」所產生的憤怒。實際上，我們的憤怒是具有義理的。通常之所以會感到憤怒，都是因為認為自己是對的。你絕對不會說：「我對你超生氣，因為我大錯特錯。」這種覺得「自己是對的」的感覺，總是會點燃憤怒。然而，憤怒只會切斷我們與自己和他人之間的連結。請注意，此刻我們所討論的憤怒，並不是我們看到兒童受虐或種族歧視時所產生的憤怒，我們在討論的憤怒，是我們認為自己的自尊心（ego）受到攻擊時所產生的憤怒。

有個佛教的故事就談到了「義憤填膺」這個主題。有一天，一位僧人在寺院附近的湖邊發現了一艘廢棄的小船。由於遍尋不著小船主人，他就將船拖上了岸，並利用閒暇時間將它重新整頓一番。花了一段時間修整好小船後，這艘漂亮如新的小船終於又可以入水了。他將小船推入水中時湖面起了點薄霧，但他還是上了船，拿起船槳划入水面。但才離岸沒多久，突然就有另一艘小船從眼前的薄霧中冒出，撞上了他的新船，弄壞了船頭。和尚很生氣，心想：「怎麼會有這麼漫不經心的人，不但朝我划來，還把我的船撞壞了？」我猜這股憤怒是因為他認為自己是對的，並覺得自己被另一艘船上的人冒犯了。

當另一艘船漸漸靠近時，他才發現船上空無一人，原來剛剛只是空船本身漂向了他。知道了這個真相後，和尚的怒氣就消散了，他明白這件事不用責怪任何人。只要我們能夠意識到這種憤怒是基於義理和自尊心所產生，就能理解到自己和他人的需要，並更有可能善用措辭如實表達出內心的想法——請把一切都看作是一艘空船。

雖然我們對社會變革（social change）這件事可能都有著強烈的使命感，但用這種「自以為是」的義憤填膺來推動社會的改變，恐怕只會使我們的人情味越來越淡薄。再者，任由自己隨著這種自以為是的憤怒採取行動，也會使我們無法做到最高境界的「不傷害」。如果你想要改變某些現況，請先利用自我同理，與自己的需要搭上線，接著再以你重視的價值觀為基礎，針對想推動的社會變革採取行動。

敵人形象

將敵人形象（enemy image）投射到其他人身上，甚至是自己身上，絕對會讓我們與自己失去連結，並暫時將「不說謊」和「正語」這些重要觀念拋諸腦後。這種投射的對象，可以是我們的家人、鄰居，或從來沒見過面的政治人物。一旦我們對敵人的形象樹立了一套「標準」，就會依照個人的道德觀點去批判自己或他人，認定他們或我們是討人厭的傢伙，這就是「敵人形象」。

如果你與某人發生衝突，又對他們有著負面的評價，在你們互動的過程中，一定多多少少會洩露出這份敵意。不論我對你的看法如何，它一定都會影響到我的肢體語言、表情和話語；即使我沒有把這些話說出口，你也還是能感覺到這些評判。在這種情況下，就算我們有辦法建立連結，也一定要花上很大一番力氣。

一旦帶著敵人形象與對方會晤或談話，想滿足自身需要的機會可說是微乎其微。因此我建議，如果要與一個你已經投射了敵人形象的人會晤或談話前，請先試著自我同理，再默默地同理對方，直到你的感受發生轉變。這段過程可能需要花上數天，甚至是數週的時間。

如果你覺得獨自走過這段路實在是太痛苦了，也可以尋求非暴力溝通培訓師的協助，讓他們以豐富的經驗幫助你解決這個問題。說不定你甚至會想拿一張紙，在上面寫下你的目標（例如非暴力溝通和建立連結），並在與對方交談時將其放在你面前。此舉能幫助你在會晤期間，持續以不偏離重要價值觀的方式與對方溝通。

不過可別會錯意，承認我們的敵人形象，並透過自己的力量或別人的協助，找出隱藏在這些評判背後的需要，讓我們得以放下這份敵意，並不是膽小怕事。坦白說，這種樹立敵人形象並透過這層濾鏡去思考和溝通的習慣，與當今社會的風氣息息相關。但只要我們願意努力改變自己的習慣和整個大環境的風氣，我們一定能夠學會以不帶敵人形象的方式與其他人溝通。

讓我們再說得更清楚一些：**放下敵人形象，並不意味著我們放棄了自己看重的價值觀或信念，而是意味著，我們不會在他人或自己身上貼上「討人厭、錯誤或不好」的標籤，且願意試著與他們互動。**

當然，我們可以不認同對方的行為和選擇，甚至認為應該把他們監禁起來，以保護那些生活在他們周遭的人。但修習「不傷害」的原則，是將對方看成跟我們一樣痛苦的人，並以慈悲之心去思考、行動和說話。在這方面，非暴力溝通是一個很有用的工具，可以幫助我們做到這樣的「將心比心」。

不傷和氣的「打斷對話」

馬歇爾．盧森堡說，某些國家的風土民情是「他們絕對不會打斷別人的話，即使你說的話一點意義都沒有，他們也會等你說完才開口」。然而，也有些國家，他們在聚會或開會時，常常會呈現雙方同時開口、各說各話的景象。他打趣地說，這樣做的好處是他們可以只花一半的時間，就結束一場沒有意義的對話。

現在我認為，我的生活中不存在任何會打斷我的話的人。這並不是指我說話的時候別人完全都不會插話，而是我選擇不把這件事解讀成他是在打斷我。相對的，我選擇把它解讀成他是在與我分享他所熱衷的事物。**我認為感知不會形塑你的人生，因為它就是你人生的本體**。

如果我告訴自己「你正在打斷我，我可能會不高興，因為我需要尊重」。可是，如果我將「打斷」理解為「你是迫不及待地想與我分享你的見解或想法」，就會產生截然不同的感受。不管是前者或後者，我的感受都是來自於當下為自己創造的心境。生活中，我們時時刻刻都會將自己的心境形塑成各種樣貌，從而對日常感受到幸福或痛苦。善用「自我同理」和「同理他人」這兩項工具，可以讓我們把他們的話解讀成「交流熱絡」，而非無禮之舉。

但打斷別人說話呢？有可以這樣做的時機嗎？在我的成長過程中，「打斷別人說話」一直是一項受到嚴格禁止的舉動。因此，我第一次聽到馬歇爾．盧森堡談到「有時候打斷別人說話是有其必要性」時，我非常驚訝。我滿腹疑問，想不透這樣的舉動怎麼會跟非暴力溝通沾上邊？不過，現在我在這方面的觀念已經改變了，原因如下：

心不在焉的聆聽是一種暴力

首先，如果我正在聽你說話，但心中卻另有所想、無法真正聽見你想說的，那麼我其實就只是在切斷你我之間的連結，以及在對自己施暴。以前，在覺得自己與對方的頻率斷線時，我仍會禮貌性的假裝在聽，但如今，我確信當時的我一定眼神呆滯，對方也一定知道我已經斷線——事實上，當我們呈現離線狀態時，對方都察覺得到。此時，他們通常會因此做出拉近彼此距離、放大聲量，或一說再說的舉動。由此來看，這種假裝自己有在聽對方說話的舉動，真的有做到所謂的「不傷害」嗎？

在那之後，我學會了用另一種方式來回應這種情況。當我感覺到自己與對方的頻率斷線時，我會先把注意力放在自己身上，看看內心有著什麼樣的感受，並默默地同理自己。然後我可能會說：「我明白你很想跟我說這件事，但我的腦袋已經罷工了，因為我現在好累（假設我真的感到累了）。我們可以另外約時間聊這件事嗎？我想屆時我一定更能好好聽你說話。」

或者，也可以先向對方坦承你當下的處境，像是：「我明白你很想與我分享這個故事，但我現在無法好好聽你說話，因為我覺得時間有點緊迫。我和我老公有個約會，他已經在門口等我了，我擔心會遲到。是否明天我們約個時間通話，讓你能好好分享這個故事呢？我也很想聽聽它的來龍去脈。」

試著這樣說出你的實際狀態，一定會對眾人的反應感到意外：他們會理解你的困境並給予支持。很多時候，你的這些話也會讓對方如釋重負，因為當他們感覺你心不在焉的同時，也會有種很不自在的感覺。我很喜歡這樣的應對方式，因為它能同時體現不傷害、不說謊和正語的美好，讓說話成為一種靈修。

從長遠來看，相較於心不在焉的沉默傾聽，打斷別人的話、說出你的真實感受，其實是更有人情味、更能與他人建立連結的舉動。我想，每一個人與人的交流，都是希望彼此的距離能越來越近，而不是漸行漸遠。用這種以「促進彼此連結為目的」的方式去說出你的真實狀態，就可以降低你對他人、對人際關係，當然還有對你自己施加這類暴力的機會。

為什麼有人同一件事會一說再說？

你是否曾碰過這樣的情況：某一個朋友、同事或熟人，一而再、再而三地跟你說著同一件事，讓你不禁想要逃離現場？通常那件事都是曾經讓他們感到痛苦的經歷，所以當你的回應無法滿足他們對同理心的需要時，他們就會再講一遍；有時候，他們還會提高音量，甚至是在你們下一次碰面時又提起那件事。之所以造成這種舉動的原因，有可能是成長環境造成我們非常在意他人的眼光。

我們說話時，可能也做過這種舉動——把「理解」和「同理」搞混了。很多時候，我們會以為自己是想要得到對方的理解，但實際上是想要得到對方的同理。由於我們認為自己是想要被理解，並透過這番理解得到某種療癒，所以我們才會一遍又一遍地講述著同一件事。諷刺的是，這樣的策略非但無法滿足被理解的需求，可能還會拉開我們與聽者之間的距離。

靈性對話並不是去聽見某人有著什麼樣的想法，而是去聽見某人的話語背後，隱藏著什麼樣的感受和需要。因此，當有人跟你說起他們對某個經歷或事件的想法時，你必須明白，光是聽見他們的想法大概無法療癒他們的傷痛。因此，下次當你發現有人不斷和你說起同一件事時，請善用同理他人的技巧，藉由揣測他們內心的感受和需要，向他們表達你的同理心；你可以試著這樣說：「你跟我說這件事，是想讓我知道當時它為你帶來了多少痛苦，此刻你又為此承受著多大的痛苦嗎？你是否很想要得到尊重呢（或澄清，或是任何你從他話中聽見的隱藏需要）？」

向他們表達了你的同理心猜測後，他們就比較有機會把注意力轉移到目前的狀態，並與你建立連結，如此一來，你們也比較有機會好好享受這段共處的時光，因為當你這樣做時，對方通常就不會再重複說著同一件事，你也就不會再想著要逃離現場。

事實上，說出真心話，就是在分享我們內心的真實狀態。此舉不僅能幫助我們活在當下，還可以幫助與自我和他人建立真實的連結。

對話練習

學習處理憤怒

- 回想一下，上一次讓你生氣的小事是什麼？靜靜地坐著，針對這件事靜默地進行自我同理。以慈悲的角度去推敲，你內心的真實狀態可能呈現什麼樣貌？請注意你的感受會產生什麼樣的變化。
- 選定一個日期，並注意當天有哪些想法點燃了你的怒火。無論這些想法是什麼，它們對你的人生都有著強大的影響力，而且它們的力量都來自於你。因此，當你浮現那些想法時，請好好地同理自己。

放下敵人形象

- 想一個你會對他投射敵人形象但你不認識的人，例如：公眾人物。接著想像你與那個人展開了一場對話，並在對話中給予他同理心。請注意你會產生什麼樣的變化。
- 下一次，當你為了某個議題而與某個人或某個團體開會時，請注意在那間會議室裡，誰會激起你的敵人形象。會議期間請在心中靜默同理他們。

如何處理「對同一件事，一說再說」的不耐煩

- 下次有人一而再、再而三地跟你說著同一件事時，請注意你會怎樣與他們的頻率斷線，而他們又會對你的斷線作何反應。
- 哪些故事你會對別人一說再說？想想你可能是哪些需要沒被滿足，才會不斷重述這些故事？若可以，請針對這些故事，充分地進行自我同理。

第六章

如何與伴侶好好說話？

在盛怒之時開口，你一定會口若懸河，
但你也一定會對自己說出的話感到懊悔。
——加拿大管理學大師　勞倫斯．彼得（Laurence J. Peter）

身而為人，沒幾件事能像伴侶之間的親密關係那般，不斷試煉著我們的表達和成長能力。這類關係可以激起我們最深層的情感，且不論我們是否喜歡那些情感，它們都會深深影響著我們的說話和行為模式。在這樣的關係中，生活肯定永遠不缺火花。我和艾克都認為，伴侶之間的相處可說是一種「雙人瑜伽」——就如同練習任何一種瑜伽姿勢那樣，要長年對伴侶保有不變的愛，肯定是一件頗具挑戰的事！

有一天，我和艾克開車出遊。我問了他一個我認為很簡單的問題：「你渴不渴？」他就我字面上的意思回答了我：「不渴。」但我卻對這個答覆感到不悅。我在研討課上分享這個故事的時候，大家常常會哄堂大笑。我想，這大概是因為我們的問答方式，讓他們看見了自己與伴侶對話的影子。

我問艾克渴不渴，其實是在說「我渴了」，這是我從小養成的習慣。儘管對某些讀者而言，這樣的表達方式可能有點古怪，但在當時，我都是用這種方式向其他人索求我想要的東西。我真的很想說：「我渴了。你願意停下來喝點水嗎？」但我自小學到的觀念就是「絕對不要麻煩別人」，或是「絕對不要直截了當地拜託別人滿足自己的需要」。我打從心底認為，索求自己想要的東西是個自私、難搞又不合乎禮節的舉動，所以我才會利用這種方式表達自己的需要——把自己的需要隱藏在貌似關心對方需要的話語中，以免別人對我的需要指手畫腳。可想而知，我和艾克過往的互動，一定會因這種表達方式，衍生出一些不太愉快的後果。

直到我們開始學習非暴力溝通後，情況才漸漸有所變化。我先是改變了看待自我需要的方式，接著才改變了說話的方式。現在我會說：「我渴了。你願意停下來喝點水嗎？還有誰也想喝水嗎？」藉由這樣的說話方式，我不僅變得越來越能看清自己的內心狀態，也變得越來越能在生活中實踐「不說謊」和「正語」的理念。

勇於表達「需要」和「感受」

在我們的文化中灌輸了各種「男生／女生應該要怎麼樣」的觀念，因此，許多女性會認為「自己不應該有任何需要」，許多男人則會認為「自己不應該有任何感受」。當然，這些現在看來死板的觀念，當初都是為了幫助大家在人際相處中感到安心。但諷刺的是，在人際相處中假如能清楚知道自己的感受和需要，反而會更容易感到安心。以下，就是造就這項事實的兩個基本原因。

第一，知道伴侶的真實感受，會讓我們比較不容易往不好的地方胡思亂想。因為就算別人沒有表達出感受，我們也感覺得到他們的憤怒或不開心，如果這個人還與我們朝夕相處，我們的感覺又會更為敏銳。因此，若對方能以我們可以理解的方式表達出感受，我們往往會有種如釋重負的感覺，即使我們無法排除激發他們那些感受的源頭。

某天，我們一家人去別人家留宿，那時我們的婚姻正好出現了裂痕。我在留宿的房間打開行李箱時，三個孩子走了進來，關上房門，問我這個他們生活了一輩子的家，是不是出了什麼狀況。我簡單地告訴他們，他們感覺到的「大概是許多伴侶關係瀕臨決裂的家庭都會出現的氛圍」。說完這些話之後，我驚訝地發現，我的孩子竟然露出一副鬆了一大口氣的表情。就算我們誰也沒說，但他們早已感覺到家裡瀰漫著一股不尋常的氣氛，所以在聽到某個信任的人親口證實他們心中的感受時，不安的心反而得以釋放。

男性經常會在成長過程中，養成隱藏自己脆弱的習慣。或許，他們之所以如此，是曾在表達自身感受後感到羞愧或尷尬，所以才會覺得「不表達感受」會比較安心。如果你想要鼓勵另一半勇於表達自身的感受（尤其是男性），可以跟他說「你把感受都悶在心裡時，我覺得我們之間的關係好像不再親密了」，或「你告訴我你的感受時，我感到安心許多」之類的話。我們建議，在說完這類話之後，你要緊接著向他提出一項請求，例如「聽到我剛剛說的話，你有什麼感受？」等。

針對伴侶所做出的回應，會大幅影響他們未來向你表達自我的意願，所以我們建議，不論是否喜歡他們回覆的內容，都要誠摯地感謝他們願意給你一個答覆。如果你把回應的重點聚焦在對方願意答覆你的心意上，那麼就算該答覆觸發了你的不愉快，你還是可以發自內心地向他表達謝意。我們鼓勵你不要對這些感受做出評判，或是把它們視為不正確或錯誤的感受。只要伴侶願意與我們分享自我的感受，我們就可以透過回應，一步步地讓他們學會表達自我，並且不再認為這是一個「會讓人受傷」的舉動。

有些人會被灌輸（尤其是男性）「感情是做事的絆腳石」觀念，所以他們會認為必須否認自己的感受，才能成為一個有能力、有價值的人。但我們可以幫助伴侶意識到，在穩定的伴侶關係中，袒露感受不僅不會受傷，還會得到更多的愛和祝福。

清楚知道自己的感受和需要，反而有助鞏固親密關係的第二個原因是：女性在成長的過程中，很可能會養成「不懂得滿足自己的需要」，甚至是「不知道自己的需要是什麼」的習慣。奧地利心理學家佛洛伊德（Sigmund Freud）就曾說過這麼一句名言：「女人想要的到底是什麼？」也許在男性眼中，女性是一種神祕的生物，因為她們似乎不會表達，甚至是不願承認自己的需要。倘若女性可以更清楚地了解自己的需要，說不定她們就會有勇氣直截了當地表達出來，如此一來，她們不只能享有更愉快的伴侶關係，也會感覺到自己擁有更多的力量。

真心提出需要，而不是為了討好

在人際關係中，要讓自己說出的話越來越符合「不說謊」和「正語」的精神，還必須做到另一個重要的步驟，即：了解我們是用什麼樣的眼光看待自己的需要。如果我們認為，自己的需要是他人的負擔，那麼我們就會不願意提出請求，讓自己的需要得到滿足。對自己想要的東西瞭若指掌，也是誠實生活的一種方法。不過，在提出明確請求的這段過程背後，其實還隱含著另一層重要的意義。

之所以不願意為自己想要的東西提出請求，可能反映出連我們自己都沒意識到的想法，那就是：認為「自己的需要並不重要」，或矛盾地認為「自己是特別或與眾不同的存在，根本不需要任何東西」。這種思維是一種「自我主義」（egoism）：我們暗暗地認為自己優於別人，只有一些微不足道或根本不存在的需要，所以不需要尋求別人的支持。也可能是我們曲解了瑜伽或佛教的教誨，把尋求支持解讀成「自私」或「難搞」，但實際上，我們可以用另一種方式去看待「提出請求」這件事。

我和艾克從馬歇爾．盧森堡那裡學到，我們可以在心裡詢問自己：「如果把提出的請求，當作是一份送給對方的禮物，會對彼此的關係帶來什麼樣的變化？」如果你真心認為自己提出的請求是送給對方的禮物，且還是世界上最棒的禮物，那麼你就成了聖誕老人，送給他們一個有機會滿足你需要的禮物！將需要視為負擔，會把人拉入地獄；反之，將需要視作禮物，正是逃脫地獄的唯一出路。

然而，我們建議你把請求視為禮物，是希望可以幫助你找到開口的勇氣，**但不建議你以發牢騷或抱怨的方式表達，或是認為對方一定要滿足你的需要不可。**即使把自己的請求當作禮物獻給伴侶時，還是要為對方保有選擇的空間，他可以自行決定是否要接受你的禮物、給予你想要的東西。我認為，光是能把這份發自內心深處的禮物獻給所愛的人，就已經是人生中的一大樂事了。請以「嗨，我幸運的人生夥伴，我要給你一個滿足我需要的機會」，說出你的請求，就能體會到聖誕老人發送禮物的樂趣。

然而，如果我們在表達自己的感受和需要之前，就先入為主地認為「對方就是應該接受」，那麼他們就無法享受接收禮物的快樂。**請記得，提出請求的最主要目的，是希望對方能明白我們的需要，其次才是希望他們能接受該請求**。世界上最美妙的事情，莫過於在不強求的前提下，讓伴侶心甘情願地滿足我們的需要。只要可以從這個角度提出我們的請求，我們和伴侶都會有所變化，彼此之間的對話也會變得充滿關愛。

想像這個情境：伴侶走到你身邊，對你說：「此刻我該說什麼或做什麼，才能讓你的生活更美好？」我猜你一定會被他的這份寵愛融化。在你、我之間創造出這樣的連結，就是非暴力溝通的核心目的；這樣的連結不僅能讓所有人的生活都能變得更美好，還能幫助我們體現「不說謊」的精神，因為誠實的根基就是「愛」。

然而請注意，就算是以這樣的方式說話、溝通，我們也絕對不會單純「為了滿足對方的需要」而去做任何事情。事實上，根本沒有人會毫無所求地為他人做事——我們所做的一切，都只是為了滿足「自己」的需要。我們為伴侶所做的任何事，都應該出於想滿足「貢獻一己之力」的需要，否則就只是在假裝送禮給對方，而這種看似無償的「禮物」，一定會包藏著某種期待和附加條件，而且絕大多數的人都是在不自覺地情況下送出這種禮物。收到這份禮物的人一定會感受到，禮物中夾帶著義務。如果是抱著「應該」或「必須」來做，或是擔心不這麼做就會招來怨恨或懲罰，所以硬逼自己去做某件事，就是在暴力對待自己和這段關係。

最終，「自我犧牲」只會使得這段關係兩敗俱傷。願意做出這種犧牲的人，可能是出於責任或義務，也可能是為了討人歡心，或是想要取悅上帝。一旦我們的行動是出於這些動機，就會讓自己陷入痛苦並創造出更多的痛苦。相反的，如果我們為別人所做的一切，都是以滿足自己的需要為目的，那麼就能活在當下，不會被那些不必要的痛苦糾纏。

順從你的需要

還記得第四章提到的「鴨鴨指數」嗎？把禮物獻給伴侶之前，請用鴨鴨指數為它打分數，唯有在鴨鴨指數上得到高分，你才可以把它獻給對方。千萬不要抗拒於滿足自己的需要，它就像是一隻字典裡沒有放棄的狗，會不斷在你身邊徘徊，用頭頂頂你的手，好讓你能摸摸牠——而牠會這麼做，那是因為牠愛你。

去找你的伴侶，告訴他你的需要，然後提出請求。如果對方沒有接受你的請求，也不要氣餒，請先靜默地同理自己和對方，再稍微改變策略，繼續再接再厲地誠心邀請對方。**這和跳針般的碎念不同，碎念是一種要求；用不同的表達方式邀請對方滿足自己的需要，才是在提出請求。**實際上，我們在碎念時，會把對方當作是罪人——覺得是他們影響了我們的情緒狀態，所以想要對方為此負起責任。然而，滿足自身需要從來就不是別人的責任，我們本來就必須想辦法去滿足它們，因此，請千萬不要向對方說出任何帶有指責意味的話語。每一句帶有指責的話，都是需要未得到滿足的悲劇性的表達。

永遠不要忘了，對你和伴侶而言，你們的需要是一份禮物，且讓生活有了交集。

老是為同一件事爭吵，怎麼辦？

相處很久的伴侶之間，似乎總會因為某件事情一再上演相同的爭執。以我們為例，我們就經常因為溫度的問題吵個不停。如果我們之間有一方說「這裡好冷」，另一方卻說「不會呀，一點都不冷」，就會開始你一言我一句的吵起來。伴侶通常很難解開長期存在的問題，因為在分歧出現時，雙方都會下意識地以自己為中心，提出能立刻解決問題的策略。我們就是個活生生的例子，總是會有一人說：「嗯，如果你覺得冷就加件衣服。」然後另一人就會回：「才不要，如果你覺得熱，就不要穿那麼多。」其實更好的做法是，先針對雙方的感受和需要，去同理彼此的狀態，以確保雙方都有聽見彼此想表達的內容。我們要先感覺到對方有聽見自己想表達的內容，才會開始去好奇對方的需要，並願意以新的策略去滿足雙方此刻的需要。

馬歇爾·盧森堡表示，只要夫妻雙方能夠聽見彼此的需要，不論他們之間長期存在著怎麼樣的分歧，他都可以在二十分鐘內幫助他們化解衝突。區區二十分鐘就可以消弭多年的衝突？關鍵是「雙方要把給予和接受同理心」放在第一位。

他曾在某場演講上詢問在場聽眾，有沒有哪對夫妻願意當作示範，藉此機會解開長年未解的衝突。當時有對夫妻自告奮勇，說他們之間已經為了支票簿的問題吵了幾十年。在他的幫助下，這對夫妻花了相當長的一段時間，才終於能夠聽見和同理彼此的需要，不過當他們做到了這一點後，大概只花了十分鐘就解決支票簿的問題。

聽到這個故事時，我感觸很深而且悲喜交加。我們都曾有過老是為同一件事吵架的經驗。對我來說，**引發爭吵的原因從來都不是對某件事的意見分歧，而是雙方對同理心的需要無法得到滿足**。與伴侶一起學習給予和接受同理心的能力，就可以開啟那扇對彼此傳遞關愛的大門。我們都渴望被看見和被聽見，希望別人能對我們將心比心、感同身受，而不是品頭論足、指手畫腳。因此，試著對你的伴侶給予同理心，絕對是一門很划算的嘗試，因為那些在你們之間反覆上演的爭吵，說不定就會從此永久落幕、不再上演。

如何跳脫下意識的反應？

基本上，所有的靈修強調的都是同一件事：活在當下，並以開放的心胸看待生活中的一切事物，而這就是「有意識生活」的真諦。但在忙碌的日常生活和長期的人際關係中，我們都會養成某種「慣性的反應模式」，一旦因為伴侶的舉動或環境的某些因素觸發了這種反應模式，我們幾乎就會陷入「無意識」的自動導航狀態。

如果你曾在人際關係中陷入自動導航模式狀態，花一些時間靜默地反思你當下所做的事情，絕對會為你帶來很大的幫助。你有扭頭就走嗎？你有責怪對方嗎？你有因為把對方說的話都視為批評，而不斷反駁對方嗎？只要能找出你養成的無意識反應模式（想法和行動），就有機會跳脫這個模式。另外，把這些習慣和伴侶分享，他與你相處多年，對你的這些反應一定不陌生。然後與他一起試試下列策略，讓自己能擺脫自動導航的狀態。

首先，你要與伴侶討論出一個暗號，讓對方能幫助你把注意力聚焦在當下。當你陷入無意識的反應模式時，你的伴侶可以用某句話或某些肢體動作（例如：舉起某根手指）來提醒你。你可以為你的所有習慣統一設定一種暗號，也可以為它們逐項設定不一樣的暗號，最重要的是，你要使用它們。

幾年前，艾克曾與我們一家人討論了他的這個問題，希望大家能在他不自覺陷入自動導航狀態時，幫助他跳脫無意識反應模式，讓他能把注意力聚焦於當下。在那場討論的不久之後，某天我們在吃晚飯時，他的情緒開始在某一刻開始越變越暴躁，說話的方式也越來越尖銳。當時我們的其中一個孩子（已經是個成年的年輕人），有把艾克和我們達成的協議放在心上，於是對他說：「爸爸，你想要用這種方式和我們互動、溝通嗎？我們此刻的狀態是你想要的嗎？」這句話就足以點醒艾克，此刻他正以偏離自我價值觀的方式，用無意識的反應模式與對方溝通。艾克說，他要離席一下，去另一個空間好好整理他的狀態，然後再回到桌邊用他想要的方式與兒子溝通。後來他也確實做到了這一切。

接下來的晚餐時間，我們每個人都開心地互動溝通，共度了一段愉快的家庭時光。

對我們一家人來說，這段晚餐插曲為我們帶來了很大的啟發。艾克的選擇讓我們了解到，只要能意識到自己在做些什麼，就可以改變自己的反應模式。

謝絕批評

當你沒有弄清楚自己所說的話背後，究竟隱藏著什麼樣的意圖時，多半會發現，自己開始用各種詞彙指控對方的不是（與親密伴侶對話時，這一點會格外明顯）。但有時候情況也會相反，變成不論我們說了什麼，另一半都會覺得是批評——這個時候，同理心就是我們最需要的幫手。

在這種情況下，最能有效避免雙方產生衝突的應對方式，或許是向對方說：「我現在聽不見你想說的話。我要去散步，重整注意力，等我調整好狀態後，一定會再試著聽聽你想讓我聽見的心聲。」

永遠不要去聽對方說他「覺得」怎麼樣。他們可能認為是你使他們感到痛苦，甚

至可能利用你的內疚來操弄你的思考方向，讓你也認為自己就是造成他們痛苦的罪人。但你不是。使我們感到痛苦的，其實不是對方說的話，而是我們聽那些話的方式。

你或許是激發了對方的痛苦，但他們之所以會產生那股感受，是因為他們選擇用那種方式去聽你的話，所以，請不要去聽你的另一半在字面上對你的「指控」，而是要去聽他們隱藏在這些言詞之下，真心想要表達的意念——實際上，對方想表達的，是否為他們有多受傷、害怕或挫敗？靜默地同理你自己和對方，在彼此尚未感受到那股伴隨同理而來的轉變之前，都不要針對問題去想任何策略或行動。

我們從盧森堡博士身上學到的最大醒悟就是：在人際關係中，我們都只是在邊學邊做，讓自己的溝通能力「漸漸地不那麼笨拙」。但願在我們弄清楚彼此的痛點，和對方溝通之前，我們的關係都能頂得住這股壓力，如此一來，才有機會藉由給予和接受同理心，疏通彼此之間的緊繃，或至少避免相同的情況再次上演。

強化雙方連結的其中一種方法，就是持續感謝對方，讓對方明白他是如何圓滿了你的人生。讓這種感謝成為你們關係的一部分，讓它成為你們每天必做的日常之一。對你的另一半每天會做的事情表達感謝，或許就是一個很好的切入點，比如，你可以這麼說：「我很感謝你每天早起上班，我們才得以住在這間房子裡。」或是這麼說：「謝謝你煮的晚餐。我知道準備這一切需要耗費時間和力氣，所以我想讓你知道，我很喜歡這些菜，也相信它們會讓我更健康。」

滿足彼此的需要，關係才能長久

絕大多數人從小就被灌輸：做個自立自強、獨立思考和能自己做決定的人，是很重要的事情。受限於這些觀念，很多人都不太清楚「依賴」（dependence）和「獨立」（independence）之間的區別，因而錯過了「相互依賴」（interdependence）的樂趣。

「依賴」就是我認為「只有某個特定的人才能滿足我的需求，並以此想法展開行動」。以我對愛的需要為例，在依賴的想法之下我可能會說出「我需要你愛我」之類的話。但其實這句話表達的並不是需要，而是滿足需要的一種策略。如果我們認為自己只能從某個人身上得到愛，那就表示是對那個人產生了依賴。也就是說，我們會認為，只有那個人主動愛我，或是想方設法讓他愛我，生活中才會有愛，而這樣的想法會讓人有種提心吊膽的感覺。

於是，為了避免自己落入這種依賴，並因此受到傷害，有時候反而會以「自己必須完全獨立自主」的想法來說話和行動。遺憾的是，這樣的想法卻會讓我們更執著於這個觀念：需要只能靠自己滿足。雖然我們似乎會因為這樣的想法感到比較安心，但它也會讓我們感到寂寞。

事實上，我們的行事和說話方式還有第三種選擇，那就是：用說話來承認自己與其他人之間，有著相互依存的關係。所謂的「相互依存」是指，你、我之間的需要相依相存，所以你的需要一定要得到滿足，我的需要才能夠得到滿足；相反的，我的需要也一定要得到滿足，你的需要才能得到滿足。有了這層認知後，就會清楚意識到「需要是所有人類共通擁有的一部分，也是將彼此串聯在一起的關鍵」。

當雙方的需要沒被滿足時，任何關係都不可能健康、長久的發展，而且這個道理在勞資、夫妻、師生或朋友等關係中皆成立。**如果始終只有一方的需要能得到滿足，另一方的需要沒有得到滿足，那麼這種關係肯定無法走得長久。**

享受犯錯的樂趣

剛開始與伴侶一起使用非暴力溝通時，我們常會因為害怕犯錯，而有種綁手綁腳的感覺。關於這一點我們的建議是：請不要害怕犯錯，儘管放手去做就對了。你要相信自己，就算真的不小心犯錯、把事情搞砸了，你也有能力用新學到的非暴力溝通技巧，收拾這片「殘局」，並再接再厲地與對方建立連結。

對話練習

讓生活更美好

- 與你的伴侶共同擬定一份計畫，從下週開始，每天醒來時，第一件事就是詢問對方：「我能做些什麼，讓你今天過得更美好？」說出這句話時，也別忘了照顧自身需要。務必以同理的態度去傾聽對方的請求，並在你的鴨鴨指數達到六分時，才可以答應對方的請求。
- 在一天結束之際，大聲向你的伴侶表達對他的感謝，謝謝他為了讓今天的生活更美好，所做的一切事情。

學習同理彼此

- 花十分鐘和伴侶聊聊，請他告訴你，最近令他感到不開心（且與你無關）的事情。幫助他回憶當時的感受和需要，然後在他回憶那件事的過程中，引導他說出感受和需要。請不要提供他任何對策，只要給予同理心即可。
- 待你們能自在完成上述練習之後，再以相同的方式，聊聊彼此之間曾發生過的不愉快。

第七章

如何與子女及父母對話？

告訴別人哪裡做錯了，
從來沒能讓我從他們身上得到我想要的回應。

——美國心理學家　馬歇爾・盧森堡

研究非暴力溝通的前幾年，我們曾與青春期的女兒坐下來談過，但顯然當時的我們技巧都還很不純熟。因為在我們打算運用非暴力溝通和她對話時，她告訴我們：「我沒有任何感受、需要或請求，所以請不要再對我做什麼非暴力溝通了。我知道你們在做什麼。」她的這番反應，讓缺乏經驗的我們難以招架。事實上，實踐靈性對話最困難的一個部分，大概就是學習用新的方式與孩子和父母溝通。

親子關係之所以會如此具挑戰性，親子之間的權力轉移或許占了一部分原因。孩子剛出生時，身為父母的我們似乎擁有為他們做出所有決定的權力；隨著他們慢慢長大，我們會逐步把這份權力移轉給他們，讓他們為自己做出越來越多的決定，直到他們徹底離巢、展開自己的人生。不過，許多父母卻總會潛意識地認為，他們要掌控孩子的一切，不論是他們說的話、做的事，或認同的觀念。

反觀我們變成子女的角色時，心態則會恰恰相反。在探望父母或追憶已逝父母時，我們有時還是會不經意地湧現往日的叛逆情懷。一旦我們認為他們是在評判我們的選擇，或試圖為我們下指導棋或提供意見時，可能就會出現惱怒的感受。我們會希望他們能給我們一點空間，把我們當作一個成年人來對待，因為我們覺得自己已經是個大人了，即便當時的我們其實才十五歲。

「權力控制的教育」讓親子關係充滿危機

馬歇爾．盧森堡說過，當他意識到無法讓孩子完全按照他的意思行事時，他與孩子之間的關係就發生了巨大的變化——他只能硬逼著他們聽話。然而，他在這麼做的時候卻發現，孩子的反應總是會讓他對自己的舉動感到後悔。用「權力控制」的模式與孩子相處，親子關係就是會朝著這種方向發展。

我和艾克剛升格為新手爸媽時，打從心底認為「養育孩子不單是要愛他們，還要讓他們聽我們的話」。我們認為，負責任的父母就該這麼做，然而，用這種信念養育孩子會出現一個問題：它是一個無法長久執行的教養方式，而且可能會衍生出某些你不喜歡的後果。有時候，你或許可以利用父母的權威讓孩子按照你的意思做事，但這並不能讓他們「心甘情願」地去做那些事。假如我們遲遲無法找出一套與孩子溝通的方式，親子關係一定不會很好，雙方也都會因此吃盡苦頭。

這一點我和艾克很快就發現了，因為我們的老大兩歲時，就無法用這種方式讓他聽話了。他在耍小孩子脾氣時，我們會把他帶到房間，要他自己在裡面待著，但是我們不能讓他喜歡上這樣的「隔離」，也不能打消他想離開房間的念頭。這件事真的帶給我們很大的震撼。

在這個情況下，說話就成了一門靈修。說到如何讓青少年聽話這件事，日本禪宗大師鈴木俊隆曾說：「你無法控制他們的行為，你只能控制你自己。」這句話清楚表達了自我覺察的重要性；透過瑜伽或冥想等有助提升自我覺察能力的活動，可以幫助身為父母的我們看清自己內心的感受，以及真正需要的東西，如此一來，就會比較容易分辨什麼是我們可以改變的，又有什麼是無法改變的。最後，**這份自我覺察的能力更會讓我們明白，孩子其實是獨立的個體，能讓我們清楚區隔自己和他們的需要**。

我曾聽一位兒童心理學家說過，在你的孩子面臨難題時，請這麼問問自己：「這是父母的問題？還是孩子的問題？抑或是雙方的問題？」他建議，如果是你的問題，就向外求援；如果是孩子的問題，就協助他們解決問題；如果是雙方的問題，就想個辦法一起化解它。由此可見，要解決這類問題並不難，難的是你要能分辨出這是誰的問題。

天下父母心，為人父母很容易會出現「想為孩子打理好一切，避免他們受到傷害」的舉動。甚至還有人用「直升機父母」一詞，形容那些放不開手，總像直升機盤旋在孩子身邊，干涉著孩子所有行動的父母。坦白說，這樣的舉動就是一種權力控制的教育——想要掌控孩子的一切選擇和生活。雖然這個舉動的出發點可能是極度希望孩子能快樂、健康和安全地生活，但它一定會造成某些後果。

透過學習非暴力溝通，我們可以改變自己在親子關係中的權力分配。我們會了解到，你想要的是與孩子「權力共享」，而非一手掌權。然而這並不意味著放棄了父母的角色，反倒是意味著，我們明白所有人都有選擇的權力，即便是在非常身不由己的情境下。比方說，假如有個人拿把槍抵著你的頭說：「要錢，還是要命？」儘管你可能不太喜歡這樣的選項，但你仍擁有做出選擇的權力。

任何孩子，即便是非常年幼的孩子，對選擇都會有自己的感受和想法。就算他們表面上願意照著父母的意思做事，心裡也還是會有自己的想法。想建立良好的親子關係，就必須意識到孩子也是有權力的個體。這並不是說父母就不必負起保護和指導的責任，而是必須明白，這些只是我們陪伴孩子長大的一個階段性任務。如果你不認同這一點，可以試著用你的權力「使」一名青少年在學校乖乖聽話。請務必讓我們知道，你得到了什麼樣的成果。我想，他一定會我行我素。你必須明白，每個人能掌控的就只有自己的行動。如果我們所說的話無法反映這一點，那就是沒看清現實的大人。

學習非暴力溝通之後讓我們了解到，我們一直對孩子表現出高高在上的態度，試圖以自己的行動或言語，讓對方按照我們的意思做事。如果對方不從，我們可能就會用威權強迫他們就範。倘若你好奇這樣的行事作風會創造出什麼樣的關係，其實生活中就有很多活生生的例子。就算人類社會已經如此進步，我們仍經常想憑藉威權解決問題。

透過非暴力溝通，建立權力共享的教育

相較於高高在上的「權力控制的教育」，「權力共享的教育」是利用溝通技巧去找出每個人的權力，並針對問題擬定雙方都能接受的解決方案，讓彼此的需要都能得到滿足。

在這裡我們想分享兩個親身經驗，或許有助大家了解「權力共享的教育」的實際操作方式。一個例子是發生在我們的女兒十三歲時，當時她說想和朋友一起去聽搖滾演唱會，而且「要到凌晨兩點才會回家」。剛聽到她問我可不可以時，我在心裡默默地回她「妳做夢！」但接著我就意識到，她已經長得比我還高，假如我們不歡而散，她一定甩門出去，說不定就再也見不到她了（或我未來的任何孫子）；再者，我也很清楚，我不可能一輩子把她綁在床上，限制她的行動，所以與她談判是最好的策略。於是，我用平時最喜歡的育兒口頭禪回應她：「哦，再跟我多說一些吧。」這是一個很好用的戰術，可以為你多爭取一些思考眼前情況的時間。在這個短暫的思考空檔中，我很清楚地意識到，我真正在意的並不是她和朋友去聽搖滾演唱會，而是她的安全。

就在她滔滔不絕地繼續與我分享演唱會的樂團和音樂的同時，我在心裡暗忖著措辭，打算運用非暴力溝通讓這件事走向「雙贏」。我說：「我知道妳很想去聽這場演唱會，但我有點不放心。妳現在願意花十分鐘，和我一起想想我們可以怎麼做，才能滿足彼此的需要，使這件事皆大歡喜嗎？」這樣的表達方式能清楚告知對方，你聽見了他的需要和熱情。一旦對方感受到了你的這份心意，他就會比較願意去了解你的想法和需要。

她同意從需要層面繼續討論這件事後，我告訴她，我的需要就是希望她能平安。我說，我有三個可以滿足自我需要的方法，而且這些方法也能滿足她想探險和玩樂的需要。我一項一項地說出了我的方法，她也都同意了。這些方法分別是：要與非常可靠的哥哥同遊；全程都要和哥哥一起行動，以免在人群中走散；以及要在午夜之前回家。

這番討論不僅讓她欣然接受了我所有的方法，還讓我們在輕鬆、愉快的氛圍中結束了整場討論，沒有經歷任何常出現在親子溝通中的劍拔弩張。這件事最有趣的部分是，那天晚上她十點就回到家了，因為她覺得演唱會現場太吵了。她覺得可以視自己的需要，自由地做出能滿足父母的需要，而不需要透過搞叛逆來向我證明什麼。

另一個例子是發生在我們的兒子十九歲的時候。他要自己開車去滑雪場，與另一個我們都認識的年輕人一起玩幾天的滑雪。在他出發前，我想要強迫他跟我達成協議：除了抵達滑雪場要打給我之外，一路上也都要打電話跟我報備他的狀況。他想跟我討價還價，但我毫不退讓地對他說：「沒得商量！」而且還加碼要求：「你每天都要打電話跟我報備！你一定要一直打電話給我！」當時我的需要是希望他能和我保持聯絡，好讓我安心；而他的需要則是希望自己能好好享受探險和自主行動的樂趣。想當然，我這樣高高在上的說話方式，一定無法從他身上得到什麼美好的回應，最後他只回了我一句：「妳就是不相信我！」我想許多跟青少年溝通過的父母，對這樣的指控應該都不陌生。

感謝老天，就在我們之間瀰漫著緊張時，艾克溫和地介入對話，並帶著我們進行了非暴力溝通。在他的協助之下，我和兒子終於明白雙方的需要。當兒子理解到我要求他「一直打電話」，其實是我需要安全感時，他的態度就軟化了；因為我會提出這樣的要求，「純粹是想讓自己安心，並不是不信任他。」有了這層認知後，他就能平心靜氣地與我對話。我知道他聽到我真正的心聲後，態度也軟化了，從而能夠好好傾聽他想要享受探險和自主行動的需要。

聽見彼此的需要後，我們就能想出一個讓雙方都滿意的打電話方式。諷刺的是，當他的滑雪場之旅來到第三天時，反倒是我主動要他不用再打這麼多電話，因為我已經知道他會與我保持聯繫，不會讓我懸著一顆心。在艾克的神救援之下，我們花了幾分鐘的時間，利用非暴力溝通化解了一場親子危機：先是釐清彼此內心真正的感受和需要，再放下各自原本的期望（策略），改以滿足雙方的需要為目標，最後用開放的態度，一起找出一個雙方都能接受的新方案。

藉由這次的溝通，我們不但以皆大歡喜的方式解決了問題，更讓彼此的關係變得更加緊密。對我來說，這讓我上了很棒的一課。我深深地理解到，權力控制的教育無法讓我得到想要的親子關係，權力共享的教育才能幫助父母與孩子建立想要的親子連結。

僅在必要時動用強制力，以避免傷害

和瑜伽及佛教哲理一樣，非暴力溝通也非常重視「非暴力」這個觀念。然而，非暴力溝通還特別談到「運用強制力避免傷害」（protective use of force）的必要性。所謂「運用強制力避免傷害」的意思是：僅在必要之時，動用武力來防止某人傷害自己或他人。這種強制力的行使是出於關愛而非憤怒，而且它絕對不帶有任何懲罰的意圖。

有時候，為了保護或拯救生命，我們確實有動用強制力的必要。比方說，如果我三歲的孩子跑在路中央，我不會陪著他站在那裡、用非暴力溝通跟他談論迎面而來的卡車有多危險；我一定會先抓著孩子，帶著他跑到安全的地方。使用非暴力溝通並不代表我們就失去了保護孩子的衝動，也不意味著卸下父母養育孩子的責任。相對的，使用非暴力溝通會讓我們明白，父母為孩子做出的絕大多數決定，其實都不是什麼危及生命的大事，所以若能在這些不太緊急的情況下，善用這套有助於雙方互動的工具，一定能建立起更深厚、更令人滿意的親子關係。

有個知名的印度小故事就完美表述了「運用強制力避免傷害」的概念。一位印度苦行僧每年都會踏遍印度村莊，向世人佈道。有一天，他到一座村莊宣揚「不傷害」（非暴力）的觀念，但就在他結束講道後遇到了一條兇猛的大蛇。一直以來，這條大蛇都威脅著村民的安危，但此刻牠卻專心地聽著這位苦行僧訴說非暴力的道理。

一年過後，這位苦行僧又再度造訪村莊，並發現那條蛇躲在灌木叢裡，變得瘦骨嶙峋、傷痕累累。他問那條蛇，在這一年間發生了什麼事。蛇告訴他，聽了他的教誨之後，牠就把不傷害的觀念謹記在心，沒有再去威脅任何人。很快地，村裡的孩子就發現牠變得沒什麼好怕的，不但開始嘲弄牠，還用石頭丟擲牠，因此，牠才會變成現在這個奄奄一息的樣子。

苦行僧聽完後回答：「沒錯，我確實教過你實踐非暴力的重要性，但我從未告訴過你，你不能對他們發出保護自己的嘶嘶聲。」是的，當我們想避免傷害，為孩子或任何人行使強制力時，一定要記住，這個舉動就是在必要之時發出嘶嘶聲。

尊重孩子的「自主權」

權力控制的教育無法讓我們得到想要的親子關係，其中一部分的原因是，它不承認或不尊重維持良好關係的基本條件：尊重他人的自主權（autonomy）。若你問我會如何定義兒童、青少年或年輕人，我大概會說他們是一群「希望你能尊重他們自主權的人」。你和孩子越親近，他們就越渴望你能尊重他的自主權。

大家口中常說的「恐怖兩歲兒」（Terrible Twos）階段，是孩子在親子關係中最早展現叛逆行為的時刻。在還沒有孩子之前，我們完全無法理解這個階段的孩子有什麼恐怖，但我們的第一個孩子讓我們充分理解了這一點。在這個階段，他真的為我們帶來非常多恐怖的育兒挑戰，因為你要他做什麼，他都會一直喊著「不要」！有好幾個月的時間，他每天都會用各種「不要」明確表達出：我們必須尊重他的自主權。他想要自己決定坐上汽車安全座椅的時間，還有離座的時間；他想要自己決定泡入浴缸的時間，還有離開浴缸的時間；他還想要自己決定上床睡覺的時間。兒童專家總會告訴我們，這個階段的孩子本來就會這樣，這是很正常的成長過程，但這些話根本幫不上父母。即便是現在，我都不確定在這兩者之間——一天到晚聽著孩子大喊「不要」，或發現根本沒有「父母說了算」這回事——到底哪一項比較令人難過。

美國電影《一日鍾情》（*One Fine Day*）中有一幕場景，以逗趣的畫面呈現了在父母和孩子之間的權力流動。在那個場景中，由喬治．克隆尼（George Clooney）飾演的爸爸，與他戲中大約八歲的女兒蹲坐在桌子底下。小女孩的懷中抱著一隻她捨不得放手的小貓，而陪著她蹲在桌子底下的爸爸則是很想要她趕快跟他一起出門，因為他還有很多事要忙。一開始他對她又是威逼，又是利誘，但小女孩都不為所動；一直到最後，他願意好好傾聽她的需要，情況才有所轉變。

在她感受到自己的聲音有被聽見，也明白了怎麼做才能同時滿足她和爸爸的需要之後，她就心甘情願地配合爸爸的意見行動。雖然他們的溝通並沒有使用到正式的非暴力溝通語言，但說話方式絕對符合非暴力溝通的精神。

我們想從父母那裡得到什麼？

孩子最想從父母那裡得到的，或許就是他們無條件的愛，其次則是希望他們能承認並尊重個人的自主權。這股渴望似乎亙久不變，即使到了成年，心中仍會有這份渴求。

在成長的過程中，我們可能都會感覺到想要從父母那裡得到一份尊重，一份對自主權的尊重。為此，我們可能會透過某種策略來得到這份尊重，「搞叛逆」就是其中一種。這個策略非常簡單，而且幾乎誰都能做到：「我想要X，我的父母想要Y，但就算我知道Y是比較好的選擇，我還是會選擇X，因為這樣就沒有人會對我下指導棋。」這種場景每天都會在許多家庭中上演。有些孩子會明目張膽地唱反調，有些孩子則會陽奉陰違，但不管是哪一種叛逆，都會使親子關係持續處在明爭暗鬥的狀態。

另一種策略則是放棄反抗，徹底屈服於父母的威權。這種做法會衍生強烈的憤怒和隱藏的叛逆。有時候孩子之所以會採取這種策略，是因為他們身處在不安全的家庭環境，例如，父母會酗酒或施暴等。

絕大多數人都是這樣懵懵懂懂地長大，始終不太清楚該如何與父母權力共享地相處。即便我們已經是成年人，能經營公司、聘僱員工、買賣房屋、出版書籍或成為父母，但與父母在一起時，仍然會感受到那股渴求，並想要透過某些行動讓父母尊重我們，藉此捍衛自主權。

若你發現自己與父母或祖父母相處時，心中會湧現這種感受，非暴力溝通建議，**每當聽見父母不尊重你的話，進而感到難過或惱怒時，請先在心中靜默的同理自己。**視你們之間的相處情況而定，你可能需要透過「自我同理」，和自己對話數次。

除此之外，還可以在拜訪父母或與父母交談之前，先和朋友聊聊，從他們那裡獲取一些同理心。一旦你得到充分的同理，自然就會開始對父母的感受和需要產生好奇心，並能夠轉而同理他們。當我們能做到同理對方時，這一切就無關乎原諒了；過去那些傷害和恐懼對你的影響，似乎也會隨之減輕。

最後一個與父母建立和維持連結的方法是：表達你的需要，並對他們提出一個具體的請求。你可能是想跟他們表達「想改善彼此間的溝通」，那麼就可以先推測出他們的感受和需要，再設法提出他們有可能接受的請求。請勇於嘗試，為親子關係再接再厲。當然，過程中也別忘了持續給予自己同理心。

為什麼認可會帶來傷害？

為人父母，有時候我們會用自己的認可和讚揚來獎勵和操控孩子。乍看之下，用這種方式滿足我們的需要似乎很有愛，但其實存在著一些問題。事實上，我們在給予別人認可、表揚或讚美時，就是在用自己的喜好去告訴對方：我喜歡這樣、我喜歡你這樣做。也就是說，這樣的舉動是在對他們做出評判，只不過這類評判通常會被視為「正面的」。

問題是，讚美的背後還隱含著另一個未說明的意思，即：這個人有做得很好的時

候，也可能有做不好的時候。簡單來說，讚美就是一個由兩個極端值拉出的一套評分量表；以美醜為例，如果有人說你看起來很美，是表示此刻的你在他心中，是屬於「美」的那一端，但在其他時刻，也有可能被他歸類為「醜」的那一端。由此可知，讚美和表揚會把你的孩子（或任何其他人）放入一個框架。它會告訴當事人，你是個怎麼樣的人，從而限制你的表現。

你有沒有過這樣的經驗：得到別人的讚揚，內心卻惶惶不安？觸發那股不安的，很可能就是那些讚美——即使它們是正面的話語，也可能帶來負面的影響。

表揚和讚美側重於外在獎勵。在《獎勵的惡果》（*Punished by Rewards*，直譯）一書中，作者阿爾菲．科恩（Alfie Kohn）就引述了各種研究表示，讚美和獎勵不僅無法創造理想的結果，還會導致對方減少那些受到獎勵的行為。因此，就長期來看，想用讚美和表揚來操控孩子或其他人，恐怕會招來反效果。

既然讚美和表揚不是強化孩子特定行為的好方法，那麼應該怎麼做呢？我們要做的是「謝謝」孩子。在非暴力溝通中，「謝謝」意味著你要明確地告訴對方，他所說的話或做的事，滿足了你的特定需要。因此，如果孩子主動替你洗碗，請不要只是說「你真乖，洗了這些碗盤」，可以這樣說：「一回到家就看見你已經把廚房整理乾淨，我好開心，你的行為幫助和支持了我。謝謝你。」

誠如馬歇爾・盧森堡所言，運用非暴力溝通向他人表達感激之情時，不僅可以避開評判別人的舉動，還可以讓對方知道，我們會因為哪些事情感到幸福和快樂，可謂是「最好的禮物」。**用感謝取代獎勵除了可以讓人感到幸福，還可以幫助我們活在當下，與自己和他人建立更緊密的連結**，這些都是靈性對話為生活所帶來的滋養。

對話練習

理解什麼是「以勢壓人」

- 接下來幾天，請留意你在電視或廣播中聽見的話語。注意大家有多常用「以勢壓人」（以情勢壓迫對方）的權威方式說話。
- 當你下次注意到自己用權威的方式說話時，請盡可能花時間獨處，靜心想想，為什麼那些話會在你感到無能為力時脫口而出。

表達感謝

- 跟家人做一個為期一週的約定，在這段期間，每天都要和家中每位成員表達一次感謝。

● 與父母對話時，不管是通電話、面對面或純粹在內心假想，請在你感到焦躁不安時同理自己。

第八章

如何在職場中使用非暴力溝通？

把注意力放在你想要的事物上，而非害怕的事物上。

——艾克・拉薩特（本書作者之一）

我（艾克）剛開始上馬歇爾的研討課時，正在處理一件由聯邦法院審理的複雜環境訴訟案件。在展開這件案子的審訊時，各方律師就已初步預估審訊的時間至少要兩週，而當審訊進入第四週時，我正在交互詰問一位能獨當一面的化學家，她是政府的證人。我已經看過她的證詞，很清楚她的證詞內容。雖然她大部分的證詞都比較有利於政府方，但其中還是有某部分的證詞有利於我的委託人，所以我想透過在庭上提問強調這些證詞，確保它們也會列入開庭的紀錄中。

但每一次我向她提問，她都會不斷重複這樣的行為：回答我的問題，然後接著不斷解釋她之所以這樣回答的理由，但那些內容她早已在先前的證詞中陳述過，於是，她的作證時間就此增加了一至兩倍。這真的是很折磨人，因為當時我們的審訊進度已經比預期晚了兩週，而且等著接受審問的證人還有三名，她這樣冗長的回答方式會把審訊的時間拉得很長。

在萬念俱灰的情況下，我試圖利用交互詰問的技巧來「控制」證人，結果不但沒有帶來任何改變，還造成了負面的影響。在審訊休息時，那名化學家告訴我的女同事，她覺得我是一頭「沙豬」，想要控制和貶低她。雖然聽到她對我有這樣的想法令我很不安，但當下我也不曉得自己還能用什麼方式和她溝通。

這一天的審訊就這麼結束了，法院要我第二天再繼續交互詰問這位化學家。可是，我不安的情緒完全沒有消散，因為按照目前的情況來看，這場詰問若繼續以今天的方式進行下去，法官恐怕不會採用那些我想強調的證詞。我的思緒一片混亂，走回飯店的路上，我一直在思考自己到底該怎麼化解這個困境。突然，我的腦袋裡有個聲音這麼說：「你為什麼不試試非暴力溝通呢？」但我立刻反駁：「不行，法庭上還有聯邦法官和對方的法律顧問，我不能當著他們的面使用非暴力溝通。」

將「非暴力溝通」運用在法庭上

話雖如此，後來我還是決定放手一搏。回到飯店後，我開始思考能如何運用非暴力溝通的技巧，好讓明日的詰問順利進行。我想像自己身處莊嚴的法庭中，站在距離證人席六公尺遠的講台上，以我向馬歇爾學到的說話技巧，應對著審訊過程中可能出現的任何狀況。我把最好到最壞的情境全部想過了一輪，這個新嘗試令我既期待又怕受傷害。

翌日，我從昨天的中斷處繼續進行詰問。我向那位化學家提出了第一個問題，如我所料，她回答的方式還是跟昨天一樣。她回答了我的問題，但就在她開始重述先前為政府作證的證詞、打算說明她的答案時，我深吸了一口氣，然後出聲打斷了她。「不好意思。」我說。我成功吸引她的注意力，她驚訝地看著我，暫停了發言。「考量到完成妳的證詞可能需要花上一些時間，所以我想知道，妳是否願意先回答我的問題，等最後再一併補充想要額外說明的部分。我向妳保證，在妳完成作證之前，妳都有時間與政府律師討論，若有需要也可以做進一步的解釋。現在，妳願意回答我的問題嗎？」我看著那位化學家，然後看見她的肢體語言放鬆下來。我可以感覺到，我的心臟還在為我剛剛的那些話怦怦狂跳。我莫名地開始擔心，對方的律師會不會跳起來指著我大喊：「你不能在法院裡使用非暴力溝通！」當然，這樣的情況並沒有發生，在對方律師點頭示意後，化學家就開口答應了我的請求。

儘管後來的審訊過程中，我確實還是必須多次提醒她我們先前的協議，但她很快就導正了自己的應答方式，只簡潔回答了我的問題，沒有再重述她為政府提供的證詞。就這樣，這場交叉詰問的節奏變快了很多，我也順利地讓我想強調的證詞列入了開庭紀錄。這次的經驗令我又驚又喜，因為我竟然利用非暴力溝通成功化解了「現實世界」中的危機。

若想在職場中運用，一定要先練習

如果你對在職場中使用非暴力溝通感到恐懼或緊張，那麼我的故事可以讓你知道：你並不孤單。請放心，許多人也曾有過類似的憂慮，並像我一樣克服了它們。如果你想在職場中使用非暴力溝通，我建議在使用它之前先想像：在這個情境下使用它，有可能導致哪些「最壞」的結果。或者，用非暴力溝通的語言來說，就是請你想像在這個情境下使用非暴力溝通，你可能會有哪些需要無法得到滿足。光是列出這些需要的過程，就可以幫助你把注意力聚焦在當下，而你往往也會因此變得比較平靜和放鬆。

我發現，想提高非暴力溝通的技巧及降低在職場中運用非暴力溝通的憂慮，「練習」是絕對不能省的環節。因此，在你把非暴力溝通帶入職場之前，請先找一個值得信賴的人幫助你練習，這樣才能針對各種可能發生在職場中的情況，進行充分地演練。

和朋友一起練習

為自己做好準備的方法之一，就是和朋友一起練習你新學到的非暴力溝通技巧。不過，在進行練習前，我建議你先與這個人約法三章，讓他明白該如何幫助你練習。你們要約定的內容大概是這樣：「最近我一直在學習非暴力溝通。這種說話方式認為，所有的人類都有相同的基本需要，而我們的每項行動都是滿足這些需要的策略。我想和你一起練習它的一些溝通技巧，但在練習的過程中，你可能會聽到一些特別的詞彙。如果練習時，你出現了任何不自在的感覺，想要中斷練習，可以隨時告訴我。我們可以停下來好好談談，如果你無法繼續陪著我練習，我也不會勉強你。所以，你願意考慮我的提議嗎？」

如果你的朋友或親人願意跟你一起練習，就能藉此更熟悉這種對話方式，並更自在地運用該模式來思考、行動和說話；而這份自在，也會成為你「實際應用」非暴力溝通技巧的定心丸。

從小地方開始，同理自己和他人

另一種在職場中使用非暴力溝通的準備方法，就是在心中無聲地演練這些技巧，直到你覺得建立起足夠的自信，有辦法對著職場上的那個人說出這些話。在職場中，你其實可以透過某些不引人注目的方式，悄悄地練習非暴力溝通，例如：自我同理和靜默同理他人。

在此提醒你，練習自我同理時，你會與自己（得到滿足或未得到滿足）的需要搭上線；練習靜默同理他人時，則會揣測其他人的需要。舉例來說，如果你和某位同事在公事上談得不是很愉快，不妨在當下試著靜默同理自己或對方，或者是利用稍晚的空檔反思這件事（例如下班回家的通勤時間）。你可以想想自己在當天，有哪些需要沒有得到滿足，又有哪些需要得到滿足。

以下就是反思某件事的範例：

✧**客觀觀察**：此刻的你正在對自己說什麼？當時的你說了哪些話，才會讓現在的你在心中批評自己？或是，當時對方說了哪些話，才會讓你在心中批評他們？

✧**感受**：在回想自己對當時情況的觀察時，請同時留意，這些回憶會使你產生什麼樣的感受？

✧**需要**：確認「此刻」自己的需要有無得到滿足？不要在事發當下確認，而是要在「反思」時確認。

✧**請求**：你對自己或對方有什麼請求嗎？如果是有需要他人滿足你的需要，可能要請他們坐下來與你好好談談；如果是有自己可以滿足自己的需要，可能就要找個人跟你一起練習需要提升的部分，好為下一次的對話做好準備。

邁出你的第一步

雖然無聲的練習和角色扮演有助於提升技巧，使你對非暴力溝通的應用更加自在，但要讓它在職場溝通中帶來實質幫助，你還是必須勇敢地跨出第一步。美國非暴力溝通培訓師茱莉．葛林（Julie Greene）曾跟我說，在某個時刻，她終於決定要「邁出她的第一步」，用非暴力溝通的方式與眾人溝通。她知道這樣做一定會帶來很多「混亂」，但她會把這些混亂當作學習的機會。我想她的意思是，對那些已經熟悉她平時說話方式的人來說，他們可能會覺得她的新說話方式有點古怪、特別，甚至是反常。不過，她後來確實也利用新學到的溝通技巧，化解了這些必然的陣痛期，與熟識她的親朋好友建立新連結。自此之後，她就一直悠游在這個學無止境的新世界。

聽了茱莉的分享後，我便決定放下心中的憂懼，邁出我的第一步。因為我知道，就算在職場中使用非暴力溝通會帶來某種程度的混亂，我也一定能設法化解。

提出請求

很多時候，我們之所以會在職場上感到不安，是因為無法為想要的東西提出請求。造成無法提出請求的原因有很多，其中，打從心底認為某個人握有威權，自己根本無力改變什麼，就是原因之一。我們對安全感的需要會成為一道路障，使我們不敢向那個握有威權的人提出請求，這是一種「自我挫敗」（self-defeating）的舉動——覺得自己的需要沒有得到滿足，卻又無法提出可以滿足需要的請求。

就讓我們以新冠肺炎爆發的那一年為例，當時全球有許多員工都發現自己因為工作和家庭壓力陷入了水深火熱的處境。二〇二〇年十一月十七日，麥肯錫管理顧問公司發表了一份名為〈新冠肺炎期間，多元族群員工的處境最為艱困——公司的應對之道〉（Diverse Employees are Struggling the Most during COVID-19—Here's How Companies Can Respond）的調查報告，該報告訪查全球十一個已開發和開發中國家的「多元族群」員工（即女性、LGBTQ+ 族群、有色人種和職場父母等）。這份報告讓大家看見了一個事實：在新冠肺炎危機中，多元族群員工在職場中的處境最為艱困，而女性，尤其是非白人的女性，更是面臨著異常龐大的壓力。

假如在這個時空背景下，有位職場媽媽正在與其他不屬於「多元族群」的同事「競爭」某個職位，但在必須居家辦公的條件下，她很難保有以往的工作效率，因為她的孩子也會在家遠距上學。為了表達她的顧慮，她決定與部門的負責人談談，另一方面，她也想藉此機會請主管給她更大的工作彈性，並保證這樣的調整不會影響到她的升遷機會。

面對這種情況，我會建議她在親自向部門主管提出請求前，先在家裡按照以下步驟與朋友進行演練：

① 找出在這種情況下沒有得到滿足的需要，要感覺到身體產生某種生理變化，才表示妳真的與自己的需要搭上線。
② 充分了解妳的需要，釐清在這種情況下妳到底想要什麼。
③ 牢記妳想要的東西，然後以此擬定請求。

④進行角色扮演，模擬提出請求的情境。請朋友扮演部門主管，並對妳說出不想聽到的回應。

⑤給予自己同理心，並練習回應方式。

等到你越來越善於提出請求，可能就會開始注意到，你的同事很少直接提出請求。這個時候，你就可以「出借」你的技巧幫助他們提出明確、可行的請求。例如，假如你正在開會，有人已經針對某件事討論了一陣子，卻遲遲沒有明確說出「到底想要什麼」。在這種情況下，你或許可以打斷他們的對話並表示：「不好意思，傑瑞米，如果你能告訴我，在剛剛的討論中你希望我做些什麼，會幫我一個大忙。你願意幫我這個忙，方便我把它們整理到筆記上嗎？」這種應對方式的另一個好處是，它也會產生拋轉引玉的效果，幫助其他發言者明確說出他們的請求。

猜測對方想要什麼

前文描述的情況，其實還有另一種回應方式，那就是「猜測對方可能想要什麼」。你可以說：「嘿，傑瑞米，你是想藉由這次的討論，找出一套我們都能接受的處理方式嗎？」你的猜測不見得正確，但它也會促使對方告訴你，他到底想要什麼。幫助你的同事明確提出請求，對整個工作團隊都有好處。

我們在私人生活中，很常是在一對一的情境下，直接對某個人提出請求（例如伴侶或孩子），但在工作職場上，我們提出請求的情境通常都是在團體討論時。所以，**如果你正在開會或與團隊討論，除了必須明確提出自己的請求外，還要明確點出請求的對象是誰**。假如團隊不知道你正在跟他們說話，你們就無法達成共識。更糟糕的是，你的話還可能使情況變得更混亂。

在團體討論中（不論是線上討論或當面討論），大家常會因為對討論的情況感到不滿，而說出某些情緒化的要求。我敢說，在團體討論中，大多數的人都屬於這兩種人：

不是那個被討論情況激怒的人，就是目睹別人發怒的人。但是，當你出於憤怒、不爽或不耐煩說話時，你的同事大多不會採納你的意見，甚至還會對你說出這樣的話：「你只是在意氣用事，我們還是好好討論正事吧。」多年來，這類情況已經在我眼前上演過無數次。

由於這些脫口而出的話只是發言者抒發不滿情緒的一種方式，無關他們的需要，所以對整個討論來說，這種情緒化的言論只會招致反效果，使其他人也以情緒化的言語回應，從而導致討論更難向前推進。因此，當我們對討論的情況感到不滿時，可以選擇用另一種方式抒發。

打斷爭論，表達需要

有一次，我參加了一場大約四十五人的會議，出席者都是同一個領域的專業人士。主持人向聽眾提出問題，請他們幫助自己更了解這場會議的討論主題。很多人熱切地舉手發表意見，沒多久，就有不少人開始你一言、我一語地爭論，這些人都是該領域的老手。這場爭論大概持續了十五分鐘，爭論者爭辯得越來越起勁，其他人則只是在一旁等著他們結束爭論，好讓議程重返軌道。

當下我覺得，在場有許多人一定也和我有著相同的感受：對眼前這場浪費時間的爭論感到不滿，也對主持人沒有善盡職責、將議程拉回正軌感到不悅。這不是我該承受的，也不是我所盼望的，更不是我理想中的會議狀態。

我深吸了一口氣，想起了非暴力溝通訓練。

我做的第一件事就是「自我同理」。我開始客觀觀察大家，從大家說的話或做的事當中，去尋找是什麼激起了這些感受；我在心中自問：「此刻所發生的事情，沒有滿足我的哪些需要？」這種做法非常有建設性，因為它能幫助我跳脫原有的評判標準，用開放的心胸去審視眼前的情況。

接著，我就開始盤算對策：「在這種情況下，我能做些什麼，才能既滿足需要又幫助在場的其他人？」

我想到了一個辦法。我站起來，對大家說：「不好意思，我對此刻在這裡所發生的事情感到不太舒服。」我的這番發言引起了一陣笑聲，我想這是因為大家沒想到，竟然會有人在這種情況下表達自己的感受。「我想了解現在發生了什麼事，以及目前的情況是否能回答主持人的問題。」我轉向主持人。「我想請問您，您是否願意告訴我們，在大家的回應中，有哪些人回答了您的問題嗎？」他看起來驚呆了。過了好一陣子他才說：「除了這個人，其他人都沒有回答到我的問題。」他看向坐在他旁邊的某個人。

他的話清楚點出他的問題早已得到回覆，而眼前的爭論與會議的主題毫無關聯。

主持人說完這些話之後，現場的情況似乎就發生了變化。貌似沒完沒了的爭論停止了，主持人重新掌握了會議節奏，開始與眾人討論他剛剛得知的一個重點。我很享受接下來的討論，也發現我採取的行動對會議的進行很有幫助。

現場的情況之所以會發生變化，跟我的權位沒有半點關係，因為當時我還只是菜鳥。我認為之所以會發生這些變化，是因為我使用了非暴力溝通；多虧它，我才能跳脫自己的評判標準、釐清自己的需要，並針對想要的東西擬定出可行的請求。我的請求不但打斷了那些偏離主題的爭論，還讓全場人員想起了他們發言的最初目的——回答主持人問題。

我們只有在跳脫眼前的情況並做出評估，且與自己的需要搭上線時，才能提出已擬定的要求。如果沒有先運用自我同理與自己的需要搭上線，然後再靜默地同理其他人，揣測出在場其他人的需要，那麼我說出的問題可能會變成這樣：「大家可以閉上嘴，繼續下一個主題嗎？」在沒有與自我搭上線的情況下，我們採取的行動往往只會創造出不想要的東西。

記下自己及他人的需要，幫助整理思路

在群體之中，我們常會覺得自己應該對外做出一些作為，才能為整個群體盡一份心力。諷刺的是，我經常發現，最有力的貢獻其實是不要對外做出任何作為，只需把注意力放在自己和他人的內心，靜默找出彼此的需要即可。即便你處在一個無法暢所欲言的環境中，也可以透過靜默同理自己和他人，改變整場會議的動向，為整個群體做出正面的貢獻。

剛開始學習非暴力溝通時，你可能需要隨身攜帶記事本，進行書面的自我同理。大略記下你的客觀觀察，比如「喬已經繞著這個話題講了三分鐘」，然後找出並寫下你的感受和需要。梳理完之後，再看看自己或群體中的其他人是否有什麼請求，並將其寫下來。

這種書面練習對你在群體裡的發言相當有幫助。相較於只在腦中憑空演練，把這些東西寫下來，或許能讓你比較容易釐清自己當下的狀態。就算你無法梳理出前文提到的四個部分，這段過程也可以幫助你跳脫舊有的思維，不再讓自己的思緒被不悅和痛苦綁架。上述的書寫練習會改變我們的本質，進而從一種截然不同的角度去看待所有的事情，如此一來，說出的話也會更符合「正語」的精神。

不繞圈子的高效溝通

在提出請求之前，利用「同理」在心中梳理好自我狀態的好處是，可以減少冗詞贅句。有趣的是，在凡事講求「效率」的職場中，卻常會發現這個概念並未延伸到職場溝通上。我總會聽到有人抱怨下列事情：會議開得沒完沒了、電子郵件寫得太過冗長，以及收到了與自己毫不相干的會議紀錄或詞不達意的語音訊息等。在多數情況下，我們都沒有在職場溝通上做到「言簡意賅」。**運用非暴力溝通與人交流，除了有助於實踐「正語」的精神，還有一項額外的好處，即「提高溝通效率」**。我們可以用更少的文字，表達出最重要的信息，讓對方與我們在同一個頻率上。

有時候，大家說話似乎是為了弄清楚自己想說些什麼，而不是在開口之前就想清楚要說什麼。在職場上，你可能會發現某個人的話多到出乎你的意料，而且他本人可能也沒想到自己會說這麼多話。我至今仍有個改不掉的習慣，就是交談時，如果我覺得對方跟我沒有在同一個頻率上，我就會對他說更多話，想藉此將他拉到跟我相同的頻率上。但通常只會招來反效果——對方跟我的頻率更對不上，而我也會感到更加挫敗。

你可以透過很多方式幫助自己和他人提高溝通效率。如果有人說的話超出了你的理解範圍，你可以提出一個問題打斷他們，幫助他們用更少的字數表達自己想說的話。如果你有什麼話要說，則要先確認別人是否有聽你說話的意願，才能增加有效傳遞信息的機會。

開會時，我們多半會在會議中尋找插話的空檔，然後趁著空檔表達自己的觀點，讓大家聽見我們想說的話。但有時，我們甚至會等不及那個空檔出現，就在對方還在為剛剛的發言收尾時，就迫不及待地插話，但如果我一打斷對方就馬上說出自己想說的話，對方大概不太可能把我的話聽進去。

為了增加對方能聽進我的話的可能性，我一定會先讓與我對話的人知道，我已經聽見了他們想要傳達給我的信息。我發現，一旦他們知道了這一點，心就會平靜下來，並產生聽我說話的意願。如果我還可以在表達自己的意見前，先確認他們是否願意聆聽我的觀點，那麼他們聽我說話的意願會變得更高。例如我可能會說：「我想告訴你，我是如何看待這個問題，你願意聽聽我的看法嗎？」如果我的態度真誠，用這種「請求」而非「要求」的方式詢問他們的意願、保有他們的選擇空間，那麼當他們說「願意」的時候，就更有可能把我的話聽進去。（假如你說「現在請你聽我說，因為我已經聽你說完了」，這就是在要求對方一定要聽你的話。）

就我個人的經驗來看，這樣的表達方式不僅比較容易將對方拉到和我相同的頻率上，我也可以用更簡短的話語向他表達我的觀點。倘若我想確認他們是否聽到了我想傳達的信息，或是想了解他們對這些話有什麼感受，我就會如同頁一八一的內容，向對方提出請求。

如何在電子郵件和電話中，使用非暴力溝通？

在職場溝通上，電子郵件和電話可能是另外兩種欠缺效率的溝通方式。許多人每天都必須回覆大量的電子郵件，其中還有不少信件的內容都冗長到令人難以輕鬆閱讀。在職場中，閱讀和撰寫電子郵件也可以成為實踐「正語」的另一種方式。

在閱讀電子郵件方面，你可以依照構成非暴力溝通的四大要素，在信件中找出寄件者想傳達的信息，尤其是需要和請求的部分。如果你所屬的工作團隊習慣將一切事情都以副本的方式寄送給每個人，其實可以幫助你隨時掌握團隊狀況：看到信件中的請求與你有關，你就必須密切關注該事的發展；看到信件中的請求與你無關，你就可以將信件歸檔留存。假如你發現自己會對信件的內容感到不悅或不滿，請找出是因為什麼原因讓自己無法被滿足，進而感到不悅。然後，猜測寄件者在撰寫這封信件時，是想要滿足什麼需要，便能更了解對方想傳達的信息。

如果信件中的請求說得不清不楚，向寄件者問清楚會很有幫助。就跟開會一樣，釐清信件中的請求對你和寄件者來說都有好處。以我個人來說，此舉可以減輕我的焦慮，因為在清楚對方「想要什麼」的情況下，我就能更自在地說出我是否願意這樣做；就算我不願意，我也會以滿足雙方的需要為前提，去調整對方的請求。

有助我們實踐「正語」的非暴力溝通，也有助於撰寫電子郵件。我在編寫信件時，都會謹守非暴力溝通的四大要素去撰寫信件的內容，依序是：我的客觀觀察、對該情況的感受、我希望藉由寄送這封信件，滿足哪些需要，以及明確的請求。然後我會用更口語的文字重寫整封信件，但依舊保有我在第一次撰文時的清晰架構。我第一次這樣做時發現，如果沒有先按照非暴力溝通的原則充分梳理想法，就直接以口語的方式撰寫信件，我一定會在信件裡夾雜一連串的評判式敘述，並將需要和策略混為一談，進而無法從收件者方得到好的回應。

在職場中，絕大多數人都還是有透過電話溝通的時刻。基本上，電話溝通的原則跟平常口語溝通的原則都一樣，只有在留下語音訊息的部分稍有不同。我打電話的方式和寫電子郵件類似，會先找出想向對方提出的請求，以及我希望從他們那裡得到哪些信息，方便他們滿足我的請求。就跟寫信一樣，這樣的打電話方式大幅提高溝通效率。我會用很精簡的話語傳達信息，因為我認為聽者會喜歡這樣的表達方式；我自己在收到言簡意賅的語音訊息時，都會非常感激對方。

我在構思語音訊息的內容時，通常也會改變信息的陳述順序。我很可能會在一開始就說出請求，接著再提出有力的資料來增加對方接受的意願。舉例來說，假設我需要同事提供一些資訊，以完成我們共同執行的某項提案，在這種情況下，我大概會這樣留言：「你方便在今天之內回我電話，提供我＿＿的資訊，以便我完成這項提案嗎？」

讓評鑑變得更人性化，不再只是批評

在職場中，績效評鑑是必然會碰到的事情，如果你是一位經理，甚至還要扮演評鑑他人的角色。大多數的績效評鑑都是由一系列帶有評判或標籤濾鏡的評估項目所組成，例如：溝通技巧、團隊合作、完成工作的速度和做事的品質等。就本質來看，我見過的績效評鑑，絕大多數都屬於一種帶有主觀意識的評判。然而，它們通常都會以所謂「客觀」的評估項目呈現，所以會令人很難對這些評鑑做出反應。績效評鑑常會帶給受評者複雜的感受，而這些感受多半與他們的需要息息相關：保有職位、能力認可，以及被理解和接納等。只不過，大部分的人都無權改變職場的評鑑體系，所以在這個條件下，又能藉由哪些小技巧，讓績效評鑑變成一件比較令人滿意又有幫助的事情呢？

由於評鑑就是在對一個人的行為進行評判，因此降低評鑑爭議和提高評鑑意義的關鍵，就是將這些評鑑與「實際觀察到的情況」連結在一起。如果你要評鑑他人的工作績效，你可以在每一個評鑑項目後方，都附上一段文字，陳述你實際觀察到的情況。比方說，如果你在團隊合作方面，給了某個人很高的評價，你可以提出具體的實例，讓對方知道，你喜歡他用什麼方式協助團隊運作。又比如，你在完成工作的速度上，給了某人比較低的評價，就可以向他說明，在上個季度裡，他有三次遲交報告的紀錄。

另一方面，在進行這些客觀觀察時，也可以將它們與你的需要連結在一起，然後向對方提出有助於改善的具體請求。

相反的，如果你是受評者，則可以運用你的溝通技巧，向評鑑者詢問他們觀察到的具體情況，從而幫助了解他們是以怎麼樣的標準評價你。如果你想知道，是否每個評鑑項目都符合評鑑者的需求，或許也可以主動和他們討論。基本上，你可以把整個評鑑過程解讀為——評鑑者經由觀察，表達其需要有無得到滿足的一個工具。如果你的評鑑者點出了你需要改進的地方，但不知道該如何對你提出請求，那麼你可以再次借助溝通技巧，將他們對你的建議轉成具體、可行的行動。

運用非暴力溝通來聊八卦

聊八卦是職場的一大特色。大家會聚集在飲水機旁或餐廳裡，悄聲地聊著某個人的趣事，或說著某個人對他們的所作所為。在許多地方，聊八卦屬於一種社會規範（social norm），所以要避免此舉可能很困難，但這也正是實踐佛教「正語」和瑜伽「不說謊」的重點。

我發現，用不同的方式來看待大家聊八卦，對我來說相當有幫助。我認為從目的層面來看，聊八卦可分為兩種類型，其一就是「尋求群體的認同」。我們在講述其他人的事情時，或多或少都會夾雜一些個人想法，並希望聽眾可以認同我們，或至少看看他們是否能接受我的觀點。

另一種類型的聊八卦，則是以「想要得到別人的同理」為目的。在講述發生在自己身上的事情時，其實是滿足同理心的一種方式。我們在抱怨自己與其他人互動的故事時，也會用帶有個人觀點的評判式敘述去表達那個人的舉止。我們會希望聽眾站在我們這一邊：認為我們是對的，而那個人是錯的。由此可見，此種聊八卦的根本動機，就是渴望有人能看見和理解我們的痛苦。如果聽眾認同我們的想法，就能從他們身上得到一種間接的同理心，然而，這種同理心並不能真正地滿足我們的需要。

要避免自己成為「嚼舌根」的人，可以不參與這類的談話，並藉由一連串的反應來防止自己聊八卦。**當注意到自己在說別人的閒話時，可以先利用自我同理來檢視動機，然後再根據梳理出的結果，找出防堵聊八卦的對策。**當我們萌生想要向別人訴苦的念頭時，則應該意識到需要的是「同理心」，並改以其他方法來滿足這個需要；這個方法可以是自我同理，也可以是與另一個熟悉非暴力溝通的人聊聊。一旦滿足了自己對同理心的需要，我們就不會做出「聊八卦」的舉動。

相較於不讓自己「主動」聊八卦，如何應對想跟我們聊八卦的人，恐怕比較具有挑戰性。有時候，我們會發現身不由己，不得不跟著別人一起嚼舌根，因為不知道該如何回應這類的話語。這個時候，可以利用「正語」和非暴力溝通的觀念，從觀察、感受和需要等面向去解析這類話語，找出對方說這些話的真正意圖。舉例來說，假如有人跟我們抱怨某個壓榨他的混蛋，我們要做的並不是附和他、強化他的想法；反之在這種情況下，我們可以先詢問這個人是做了什麼事，導致他們產生這種想法。一旦從中找到了客觀的事實，就可以推測出他們的感受和需要。我可能會猜想他們很生氣，或許還有點受傷，因為他們有被尊重的需要。比起附和他們的言論，這樣的回應方式更能滿足他們「想要得到別人同理」的需要。

另一方面，如果他們純粹是為了建立共同話題（或許是某個同事的事情），所以講別人的閒話，我可能會猜測他們是想滿足「與別人建立連結」的需要。無論我有沒有把這些猜測說出口，這個同理他們的舉動，都可以讓我的行為不背離「正語」和「不說謊」的精神。

對話練習

落實在電子郵件和電話溝通上

- 從你最近收到的郵件中，選出兩到三封信。詳讀它們，找出其中的客觀觀察、感受、需要和請求。回信時，同樣以這四個部分為框架，先梳理出一封語意明確的回信，再以更口語的文字重寫它，但仍保有第一次撰文的清晰架構。
- 打電話之前，請充分思考你想向對方提出什麼請求，還有他們需要用什麼信息來滿足該項請求。無論是要直接通話，還是要留語音訊息，都請你盡可能言簡意賅地向對方提出請求。

面對聊八卦的情況

- 回想某次在職場中聊八卦的經驗，這次回想讓此刻的你產生了什麼樣的感受和需要？你認為當時之所以會做出這樣的行為，是出於什麼樣的感受和需要？提醒自己，下次在職場中若有人跟你說八卦，或你無意中聽到八卦，請在心中靜默同理那個嚼舌根的人。

第九章

將非暴力溝通推向世界

在那些沒聽到音樂的人眼中，
那些聞樂起舞的人就像是瘋了。
——英國詩人　約翰・米爾頓（John Milton）

二〇〇一年九月十二日，我和艾克一如往常地在家裡舉辦了每週一次的非暴力溝通團體練習。練習團體的所有成員齊聚一堂時，我們可以感受到大家的心中都流轉著憤怒、恐懼、悲傷、震驚、受傷和挫敗等五味雜陳的情緒。我對前一天發生的恐攻事件感到憤怒，表示自己無法理解為什麼會發生這種事。主持人建議，我可以把艾克當作賓拉登（Osama bin Laden），試著去同理他。我聽了他的建議，開始臆測賓拉登可能有著什麼樣的需要，才會選擇在九月十一日採取那樣的策略。

我想到的是：他可能需要威權和別人尊重他的宗教——這是我也會有的需要。我意識到這一點之後，就感覺到心中的憤怒消失了，並興起了一股慈悲之情。**從需要層面切入，可以幫助我與任何一個人建立連結，即使我完全不認同那個人的行為。**不論是過去或是現在，我都認為賓拉登選擇的策略既極端又天理難容，在牢獄裡度過餘生是他必須付出的代價；但我發現，對他的需要有所了解後，我可以「不去仇恨他」。

事實上，我知道如果仇恨他，那麼我就跟他沒什麼兩樣，都是一個會仇視他人信仰和文化的人。佛陀說過一句很棒的話：「仇恨永遠無法驅走仇恨，只有愛才能驅走仇恨。」諷刺的是，如果我仇恨他，我就助長了這個世界的苦痛，但我曾對自己說過，減輕這個世界的苦痛才是我矢志努力的目標。

有連結的說話方式，幫助化解衝突

幾年前，我們就曾親身體驗到，有意識的發言能對世界上的其他人帶來極大的影響。某個週日，我和艾克以及一位老朋友正走向附近的教堂，那裡有很多向路人要錢的人。這時候，有一個人走近了艾克。那個男人和艾克一樣高（大約一九五公分），而且他的行為舉止看起來具有攻擊性。

我和艾克早就針對這種情況討論過很多次，所以立刻就按照我們先前擬定的對策展開行動。我帶著我們的朋友（一位身高一五〇公分的女性）穿過街道，走到一個安全的地方，這樣艾克就可以專心應付那個男人，不必分神擔心我們。停下腳步後，我迅速轉身，看向他們並在手機輸入了九一一，但沒有按下「通話」。雖然我完全聽不到他們在說些什麼，但我可以清楚看見我老公和那個男人的肢體語言。

我看到那個男人傾身靠向艾克，與他四目相對地說了什麼，後來我才從艾克那裡得知，他是在要錢。艾克經常給街上的人錢，但他告訴我，他一點都不想給這個人錢，因為那個男人是用一種「非給不可」的方式在跟他要錢。不過，艾克想起了他有非暴力溝通這個工具，所以他對那個男人說：「你離我這麼近，我覺得有點害怕，你願意退後一步嗎？」男人退後一步，又向他要了一次錢，並將他緊握的雙手向前伸到了腰部的高度。看到男人的反應，艾克「猜測」他應該是想要有人能尊重他、看見他和聽見他，並以此向他表達了同理心。經過第二輪的對話後，男人的上身又往後退了一些。

當男人第三次開口時，艾克又給了他更多的同理心；這一次男人的上身再度往後退了一些，此時，他的站姿已呈現瑜伽的山式——以完美垂直於地面的姿勢站在艾克面前。觀察到那個男人轉變為這樣的站姿後，我就對艾克的安全放下了心。因為一個以山式站著的人，不會產生攻擊別人的衝動，他會很清楚自己正在做些什麼。我關閉了手機的通話視窗，繼續從遠處看著他們。

接下來的第四輪對話，艾克持續向男人表達同理心，而男人則眼眶含淚地俯身將頭靠在艾克的肩膀上。直到那一刻，艾克才把錢給了那個人；因為那時候艾克才覺得，他是「由衷」給出這筆錢，而不是「被迫」交出這筆錢。也就是說，艾克和那個男人的需要，似乎都在那一刻得到了滿足。

這段互動雖然只有短短的幾分鐘，卻讓我們親眼見證，只要願意用慈悲的話語與對方建立連結，語言就能發揮「化干戈為玉帛」的力量，化解可能的衝突。這件事也更堅定了我學習和實踐非暴力溝通的決心，因為充滿慈悲的溝通方式對自己、對家人，還有對整個世界都有莫大的幫助。至今，我和艾克都仍然把這個經驗放在心上，並對此心懷感謝。

慶祝和表達遺憾

非暴力溝通最重要的功能之一，就是幫助我們表達「遺憾」。很多時候，我們會在做了或說了某些感到後悔的事情之後，默默地責備自己。然而，這麼做並不能讓這股能量消失，它還是會持續在我們的生活和世界中流轉。

非暴力溝通建議，若你意識到自己做了某件不喜歡的事情，或是感覺到自己造成了某人的痛苦，你可以藉由以下方式表達遺憾。首先，請先對自己所做或所說的事給予同理心；以頁五五「輔助輪」句型為基礎，去檢視對那件事的客觀觀察、感受和需要，並試著推測當時的你之所以選擇這樣的策略，是想要滿足什麼樣的需要。

經過這番反思後，你可能會想對那個人或某群相關人士說：「當我想到昨天所說的話時，我感到很悲傷和不舒服，因為我很想要照顧你的福祉（或世界的福祉）。」說到這裡，你可能還要立刻加上一句：「我現在向你保證，下次我會換個做法。」就跟前文所說的一樣，在這段聲明之後還必須提出一個具體的請求。

切記，說出這些話是要表達你內心的真實感受，而不是要感到內疚或懲罰自己。它是要讓你承認自己所做的事情和導致的後果，並願意在下一次嘗試不同的做法。我在用非暴力溝通表達完遺憾後，最常說的一句話就是：「人非聖賢，孰能無過。」每當我對自己說這句話時，就會想起我也應該用慈悲和寬恕的心對待自己。

另一方面，無論是在家人或群體之間，我們都常常沒有做到為自己的成功「慶祝」。慶祝是一件多麼愉快的事情。如果你想要慶祝某件事的成功，可以這樣說：「當我想到我們在會議上做出的決定有這麼好的成果時，就覺得非常高興，因為這滿足了我與大家互助合作和建立連結的需要。」假如你還能在表達這些客觀觀察、感受和得到滿足的需要之前，就先開宗明義地說出：「我想慶祝剛才發生的事情。」甚至更能讓大家感受到你的喜悅。

在非暴力溝通的幫助下，你會驚訝地發現在表達遺憾時，相較於簡單地說一句「對不起」，非暴力溝通的表達方式會讓大家更能感受到你的誠意；在慶祝時，相較於自吹自擂，非暴力溝通的表達方式也會讓大家更能開心地與你同樂。

我們都認為，用非暴力溝通表達成功的喜悅和後悔的遺憾，對世界有非常大的影響力，因為除了能為你與其他人建立連結，還能減輕你在推動社會變革時的心靈負擔。

改變社會，創造更理想的生活環境

藉由非暴力溝通來推動這個世界的社會變革，是實踐這種溝通模式的最高境界。雖然這個社會確實非常需要有所改變，但這樣的作為十分具有挑戰性，而且我們認為，若朝著這個目標努力的同時，沒有習慣性地做些自我同理、冥想或瑜伽等練習滋養我們的身、心、靈，能量恐怕很快就會被這樣的理想給消耗殆盡。

有時，我們難免會碰到不知該如何在「大我」和「小我」之間做出取捨的難題。我在馬歇爾·盧森堡的某堂研討課上聽到的故事，就清楚呈現了這樣的兩難。我記得這個故事是這樣的：有個男人站在河邊，注意到有名嬰兒漂過眼前的河面，他趕緊把嬰兒拉到安全的地方，但就在同時，他注意到又有一個接一個的嬰兒漂來，若河面上全漂滿了嬰兒，一定會有人難逃一死。他不曉得自己到底該待在原地，盡可能多救幾個嬰兒；還是該跑到上游，去看看是誰把這些嬰兒扔進河裡，從源頭去阻止這一切。這說明了許多人所面臨的兩難：我是要幫助身邊那個有迫切需求的人？還是要努力改變那個帶給他痛苦的源頭？

雖然這不是個容易回答的問題，但我相信我們可以兼顧兩者。為了創造出一個更理想的生活環境，並留給後代子孫更美好的未來，我們必須雙管齊下，既要對身邊的受苦者伸出援手，也要盡可能去改變那些造成痛苦的信念和體制。

無論我們決定把精力投注在哪個領域，只要懂得自我覺察，我們的言論和行動就能產生更強大的力量。靈性對話是提升自我覺察的利器，我們因為它看見了無窮的希望，但願它也能為你帶來無限的希望。

對話練習

表達遺憾

- 回想過去幾週，你說過或做過哪些讓你感到後悔的事情。在心中同理自己，試著推測當時的你之所以選擇這個策略，是想要滿足什麼樣的需要。你可能需要反覆執行此步驟數次。
- 等到你能夠同理自己當時的狀態後，就向你感到抱歉的人表達遺憾。告訴他們，你對自己當時的選擇有什麼樣的感受，然後一定要承諾他們，下次會採取不同的做法。

好好慶祝

- 回想過去幾週，你說過或做過哪些讓你想要慶祝的事情。找一位親友，大聲向他分享這件事情。在分享時，你一定要從客觀觀察、感受和需要的方向去表達。
- 請一位親友與你分享他想要慶祝的事情，然後在同理他人的前提下，理解他的需要已得到滿足，與其同樂。

參考資料

我這個人不求長生不老；
但求充分享受你所擁有的一切資源。

——古希臘抒情詩人 品達（Pindar）

作者個人網站

茱迪絲．韓森．拉薩特

www.judith.yoga

www.lasater.yoga

www.restorativeyogateachers.com

艾克．K．拉薩特

https://ikelasater.com

延伸讀物推薦

Peter Harvey, *An Introduction to Buddhism: Teachings, History, and Practices*（Cambridge, UK: Cambridge University Press, 1990）

Ramamurti S. Mishra, MD, and Shri Brahmananda Sarasvati, *The Textbook of Yoga Psychology: The Definitive Translation and Interpretation of Patanjali's Yoga Sutras*（New York: Baba Bhagavandas Publication Trust, 1997）

Swami Prabhavananda and Christopher Isherwood, *How to Know God: The Yoga Aphorisms of Patanjali*（Hollywood, CA: Vedanta Press, 2007）

Alistair Shearer, *The Yoga Sutras of Patanjali*（New York: Harmony/Bell Tower, 2002）

相關組織機構

非暴力溝通中心（Center for Nonviolent Communication）

地址：5600 San Francisco Rd. NE, Suite A, Albuquerque, NM 87109
電話：（505）244-4041
傳真：（505）247-0414
網站：www.cnvc.org

非暴力溝通中心（CNVC）是一個全球性組織，其願景是建立一個和平的世界，使眾人能滿足各自的需要，並和平地解決彼此之間的衝突。在這個組織中，人們會利用非暴力溝通（NVC）打造和投入各種不同領域的全球性生命服務網絡，例如：經濟、教育、司法、醫療保健和守護和平等。

非暴力溝通中心以達成這個願景為使命，希望能促成各種存在於個人、群眾和組織之間的生命服務網絡。為了做到這件事，我們竭盡所能實踐和教授非暴力溝通的內容。

非暴力溝通中心的目標是，為願意將此內容融入日常的人，提供意見、經驗和支持。給予他們相關的培訓課程、工具、組織諮商服務，以及發展和諧、有效人際關係的方案，這些都是我們幫助他們的方式。

請到非暴力溝通中心的網站瀏覽，網站上有許多相關資訊，例如書籍、影音，以及國內、外的課程和活動。

灣區非暴力溝通組織（Bay Area Nonviolent Communication）

地址：55 Santa Clara Ave., Suite 203, Oakland, CA 94610
電話：（510）433-0700；（866）422-9682（免付費電話，僅限美國境內）

傳真：（510）452-3900

網站：www.baynvc.org

灣區非暴力溝通組織（BayNVC）的使命是，創造一個對眾人需要一視同仁，且人人皆具備和平處事能力的世界。請瀏覽灣區非暴力溝通組織的網站，了解舊金山灣區有什麼相關課程和活動。

❜台灣非暴力溝通學習中心

https://www.taiwannvc.com

https://www.facebook.com/groups/twnonviolentcommunication

心靈漫步

非暴力溝通的對話練習：放下指責或成見，善用5種情境對話，有效找出彼此的需要

2024年8月初版
2025年6月初版第四刷

定價：新臺幣360元

著者 茱迪絲・韓森・拉薩特
艾克・K・拉薩特
譯者 王念慈
審訂 鄺麗君
副總編輯 陳永芬
文字整理 周書宇
校對 陳佩伶
內文排版 吳郁嫻
封面設計 Dinner

出版者 聯經出版事業股份有限公司
地址 新北市汐止區大同路一段369號1樓
叢書主編電話 (02)86925588轉5306
台北聯經書房 台北市新生南路三段94號
電話 (02)23620308
郵政劃撥帳戶第0100559-3號
郵撥電話 (02)23620308
印刷者 文聯彩色製版印刷有限公司
總經銷 聯合發行股份有限公司
發行所 新北市新店區寶橋路235巷6弄6號2樓
電話 (02)29178022

編務總監 陳逸華
副總經理 王聰威
總經理 陳芝宇
社長 羅國俊
發行人 林載爵

行政院新聞局出版事業登記證局版臺業字第0130號

本書如有缺頁，破損，倒裝請寄回台北聯經書房更換。 ISBN 978-957-08-7449-5 (平裝)
聯經網址：www.linkingbooks.com.tw
電子信箱：linking@udngroup.com

WHAT WE SAY MATTERS: Practicing Nonviolent Communication
by Ike K. Lasater and Judith Hanson Lasater

國家圖書館出版品預行編目資料

非暴力溝通的對話練習：放下指責或成見，善用5種情境對話，
有效找出彼此的需要/茱迪絲·韓森·拉薩特、艾克·K·拉薩特著．王念慈譯．
初版．新北市．聯經．2024年8月．224面．14.8×21公分（心靈漫步）
譯自：What we say matters.
ISBN 978-957-08-7449-5（平裝）
[2025年6月初版第四刷]

1.CST：人際傳播 2.CST：溝通技巧 3.CST：說話藝術

177.1 113009834